Heinz Reusch & Johannes Gerloff

Grenzenloses Israel

Heinz Reusch & Johannes Gerloff

GRENZENLOSES ISRAEL

Ein Land wird geteilt

SCM
Hänssler

SCM
Stiftung Christliche Medien

Der SCM Verlag ist eine Gesellschaft der Stiftung Christliche Medien,
einer gemeinnützigen Stiftung, die sich für die Förderung und Verbreitung
christlicher Bücher, Zeitschriften, Filme und Musik einsetzt.

MIX
Papier aus verantwortungsvollen Quellen
FSC® C083411
FSC www.fsc.org

Überarbeitete Neuausgabe (3. Gesamtauflage)
Der Titel erschien zuvor mit zwei Auflagen unter der ISBN 978-3-7751-4197-0.

SCM-Verlag GmbH & Co. KG · Max-Eyth-Straße 41 · 71088 Holzgerlingen
Internet: www.scmedien.de · E-Mail: info@scm-verlag.de

Umschlaggestaltung: Kathrin Spiegelberg, Weil im Schönbuch
Titelbild und Kartengrafiken im Innenteil: © Daniel Hoost
Satz: Satz & Medien Wieser, Stolberg
Druck und Bindung: CPI books GmbH, Leck
Gedruckt in Deutschland
ISBN 978-3-7751-5683-7
Bestell-Nr. 395.683

Inhalt

Vorwort

Israel ist ein schmales Land, flächenmäßig gerade einmal so groß wie Hessen, und zu 60 Prozent Wüste. In den Medien aber ist dieser kleine Staat an der südöstlichen Mittelmeerküste fast genauso präsent wie die Vereinigten Staaten von Amerika. Der Konflikt zwischen Israelis und Palästinensern befeuert als Dauerbrenner die Diplomatie, erhitzt die Gemüter und sorgt regelmäßig für Schlagzeilen.

Die Spannungen zwischen Israelis und Palästinensern eskalieren immer wieder. In einem doppelten Sinn des Wortes sind die Grenzen, in denen Israel, seine Einwohner und die unmittelbaren Nachbarn leben müssen, eng gesteckt. Eines ist heute nur noch wenigen bewusst: Die Ursachen dieses Konflikts sind historisch nur teilweise von den Konfliktparteien selbst zu verantworten.

Willkürliche Grenzziehungen der Kolonial- und Siegermächte nach dem Ersten Weltkrieg hatten mit ethnischen, religiösen und kulturellen Prägungen der betroffenen Menschen oder geografischen Gegebenheiten in Vorderasien und Nordafrika überhaupt nichts zu tun. Es ging um Interessensphären, Erdöl und geostrategische Zugänge der Europäer zu wichtigen Wasserstraßen. So erklärte der britische Parlamentsabgeordnete Sir Mark Sykes, der mit dem französischen Diplomaten François Georges-Picot die bis heute prägenden Grenzen aushandelte, seine Vorgehensweise in London mit den Worten: »Ich ziehe einfach eine Linie vom ›e‹ in

›Acre‹ [der heutigen israelischen Hafenstadt Akko] zum letzten ›k‹ von ›Kirkuk‹ [im Nordosten des Irak].«

»Grenzenloses Israel. Ein Land wird geteilt.« – Das ist der beziehungsreiche Titel, den Heinz Reusch und Johannes Gerloff diesem bemerkenswerten kleinen Band gegeben haben. Die Autoren wollen geschichtliche Ursachen zurückverfolgen, Machtkonstellationen und Interessen verständlich machen und historische Entwicklungslinien plausibel nachzeichnen. In straffen Kapiteln, illustriert mit historischen Segmentkarten, zeigen sie die Entwicklung der Grenzen des jüdischen Staates bis in die Gegenwart auf.

Es dürfte nur wenige Deutsche geben, die das Land zwischen Mittelmeer und Jordan so gut kennen wie der aus dem Schwäbischen stammende Heinz Reusch. Seit 1970 lebt er in Israel. Als staatlich anerkannter Reiseleiter ist er ständig im Land unterwegs. Johannes Gerloff bereist den Nahen Osten seit 1983. Seit 1999 ist der evangelische Theologe Korrespondent des Christlichen Medienverbundes KEP und dessen Publikationsplattform israelnetz.com.

Es ist das Verdienst dieses kleinen Büchleins, die historischen Zusammenhänge und Hintergründe für das »grenzenlose Israel« – das Land, dessen Grenzen bis heute umstritten sind – kurz und prägnant transparent gemacht zu haben.

Christoph Irion
Geschäftsführer des Christlichen Medienverbunds KEP

Einleitung

Israel ist ein einzigartiges Land. Drei Kontinente treffen hier aufeinander. Ägypter, Babylonier, Assyrer, Perser, Griechen, Römer, Osmanen, Briten und viele andere haben ihre Spuren hinterlassen. Juden, Christen und Muslime bezeichnen das Land zwischen Jordan und Mittelmeer als »Heiliges Land«, haben es für sich beansprucht und heilige Stätten gebaut.

Seit die römische Weltmacht das jüdische Volk im 2. Jahrhundert nach Christus endgültig aus seinem Lande vertrieben hat, unterstand das Land Israel fremden Herrschern. Die biblischen Städte lagen in Trümmern.

Heiden und Christen haben Juden in den ersten Jahrhunderten n. Chr. nicht nur aus ihrem Land vertrieben, sondern auch ihre Rückwanderung verhindert. Von Blut getränkt blieb das Land verlassen, verödet, versumpft, verwüstet und verachtet. Christliche und jüdische Pilger berichteten im Laufe der Jahrhunderte von abenteuerlichen Reisen.

In alle Welt zerstreut, ersehnte das jüdische Volk die Rückkehr nach Zion und betete täglich dafür. Einige wenige machten sich auf, um das verheißene Land zu erreichen. In den jüdischen Zentren Hebron, Jerusalem, Tiberias und Safed gab es auch in Zeiten christlicher und muslimischer Fremdherrschaft jüdische Gemeinden. Im Mittelalter trieb die ständige Diskriminierung in Europa Einzelne, Sippen, aber auch Schüler mit ihren Lehrern ins Land

Israel, wo sie sich in den bestehenden jüdischen Gemeinden niederließen.

Nach den Kreuzzügen des Mittelalters zeigten erst Mitte des 19. Jahrhunderts gläubige Christen wieder ein neues Interesse am Land der Bibel. Christliche Organisationen bauten Pilgerherbergen und Krankenhäuser, Waisenhäuser und Schulen nach europäischem Standard für die Einheimischen. Westliche Länder entsandten Diplomaten, um ihre Missionare zu schützen. Die katholische Kirche richtete in Jerusalem ein Patriarchat ein, um den Einfluss der Protestanten einzuschränken.

Gleichzeitig setzte der Antisemitismus die Juden Europas, besonders in Russland, zunehmend unter Druck. Viele suchten Freiheit und ein neues Leben in Amerika. Doch das jüdische Volk hatte sein eigenes Land nie vergessen. Es träumte von Zion, sehnte sich nach Jerusalem und brachte dies in Gebeten und Liedern zum Ausdruck. So machten sich immer mehr Juden auf den Weg in das Land ihrer Väter, was zur ersten massiven Einwanderungswelle in den Jahren 1882 bis 1904 führte. 1800 Jahre Verfolgung, Unterdrückung, Ausrottungsgefahr und Assimilationsversuche hatten das Volk Israel nicht vernichten können. Es hat die Kreuzzüge europäischer Christen, die spanische Inquisition, Erniedrigung und Verfolgung in der islamischen Welt, russische Pogrome und die deutsche »Endlösung« überlebt.

All jenen zum Trotz, die dieses Volk tot geglaubt oder tot gewünscht haben, bekannte der russische Schriftsteller Lew Nikolajewitsch Tolstoi im Jahre 1908:

Der Jude ist das Sinnbild der Ewigkeit. Er, den weder Blutbad noch Folter über Tausende Jahre zerstören konnte. Er, den weder Feuer noch Schwert noch die Inquisition vom Erdboden ausrotten konnte. Er, welcher der Erste war, der die Wunder Gottes erlebte. Er, der für so lange Zeit der Hüter der Prophetie war und sie dem Rest der Welt vermittelt hat. So eine Nation kann nicht zerstört werden. Der Jude ist so ewig wie die Ewigkeit selbst.

Tolstoi erlebte mit, wie sich das jüdische Volk aufmachte, um in seine uralte Heimat zu ziehen. Volk und Land begannen, wieder zueinanderzufinden.

Weil man sie nirgends in Ruhe leben ließ, kehrten Juden in ihre alte Heimat zurück. Die Väter der zionistischen Bewegung hatten andere Orte als Möglichkeit zur Gründung eines jüdischen Staates in Erwägung gezogen, etwa Uganda oder Argentinien. Doch alle Möglichkeiten zerschlugen sich. Nach dem Ersten Weltkrieg blieb allein das britische Mandatsgebiet Palästina, in dem sich nach der Staatsgründung 1948 die Politiker Israels um eine sichere Heimat, einen Zufluchtsort für ein verfolgtes Volk, bemühten. Doch auch in Israel sollte das Volk der Juden nicht zur Ruhe kommen.

Zeitgleich mit Europäern und Juden strömten Ende des 19. Jahrhunderts verarmte Araber aus den umliegenden Wüsten in das Land westlich des Jordans, um Arbeit zu finden. Das versumpfte und verkarstete Land, von dem die arabischen Bewohner des Orients kaum etwas wissen wollten, dessen Boden sie der Verödung überließen, wurde nun auch wieder für sie interessant. Arabische Großgrundbesitzer und die Steuereintreiber des osmanischen Sultans witterten gute Geschäfte. Felsige Berge und trostlose Steppen, bis dato kaum karges Weidegebiet für Schafe und Ziegen, wurden zum Verhandlungsgegenstand, verkauft und erworben. Das Land wurde wieder bepflanzt und bebaut. Nicht wenige arabische Lohnarbeiter konnten so den Lebensunterhalt für sich und ihre Familien bei jüdischen Pionieren verdienen.

Von Anfang an sträubte sich ein beträchtlicher Teil der Araber des Landes gegen die jüdischen Einwanderer. In den 20er- und 30er-Jahren des 20. Jahrhunderts führte neu aufgeflammter Judenhass zu Pogromen an der alteingesessenen jüdischen Bevölkerung. Heute muss sich der Staat Israel inmitten einer arabisch-islamischen Welt gegen einen Hass behaupten, der teilweise durch die jüngsten Konflikte, teils durch rassistische Ressentiments, nicht selten aber auch durch uralte religiöse Vorurteile geschürt wird.

Ein entscheidendes Element des israelisch-arabischen Konflikts ist die Landfrage. Bereits im vergangenen Jahrhundert wurden wiederholt Versuche zur Lösung dieser Frage unternommen. Detaillierte Pläne für eine Teilung des Landes unter Juden und Arabern wurden entworfen. Skizzen, Vorschläge und Pläne aus einem Jahrhundert werden in diesem Buch vorgestellt. Sie legen Zeugnis ab von den Bemühungen, durch die Teilung des Landes zu einer Lösung des Jahrhundertkonflikts im Nahen Osten zu kommen.

Bislang hat die arabisch-palästinensische Seite alle Teilungsvorschläge von Briten, Juden, Amerikanern und Israelis abgelehnt und bekämpft. Angefangen vom Palästina-Mandat, das der Völkerbund im Juli 1922 an Großbritannien übertrug – West-Palästina, das Gebiet zwischen Jordan und Mittelmeer, sollte damals zum nationalen, jüdischen Heimatland werden – über den UNO-Teilungsplan vom November 1947 bis hin zu dem Angebot, das der israelische Premierminister Ehud Barak unter dem Druck von US-Präsident Bill Clinton im Juli 2000 an Jasser Arafat machte. Immer wieder betonen Araber, dass Israel besetztes Palästina sei. Alle besetzten arabischen Gebiete müssten befreit werden. Mittlerweile wollen gemäßigte arabische Politiker die Waffenstillstandslinien von 1949 – bekannt als »grüne Linie« oder »Grenzen von 1967« – anerkennen. Gleichzeitig betonen sie aber ein Rückkehrrecht aller palästinensischen Flüchtlinge an ihre ursprünglichen Wohnorte. Ein Akzeptieren dieses Ansinnens käme einer demografischen Auslöschung des jüdischen Staates Israel gleich.

Auf der offiziellen politischen Bühne ist die Zwei-Staaten-Lösung heute weltweit Konsens. Der amerikanische Präsident George W. Bush hat sich dazu im Sommer 2003 bekannt. Am 14. Juni 2009 legte der israelische Premierminister Benjamin Netanjahu in seiner Rede an der Bar-Ilan-Universität ein öffentliches Bekenntnis dazu ab.

Seit dem Sechstagekrieg vom Juni 1967 ist das Restgebiet des britischen Mandatsgebiets Palästina, das ursprünglich auch das heutige haschemitische Königreich Jordanien einschloss, in den Staat Israel und die »besetzten Gebiete« unterteilt. Die Abkommen von Oslo im September 1993 machten die Verhandlungen zwischen Israel und den Palästinensern offiziell. Mit dem Bau der israelischen Sperranlage, von der Arabischen Liga und dem Internationalen Gerichtshof in Den Haag als »Apartheid-Mauer« verurteilt, von Israel als »Anti-Terror-Zaun« bezeichnet, ist die Teilung des Landes für jedermann sichtbar.

Das Osmanische Reich

Genau 400 Jahre, von 1517 bis 1917, dauerte die osmanische Herrschaft. In dieser Zeit wurde das Land zur vergessenen Wüste und Einöde. Der osmanische Orient wurde von Landverwaltern des Sultans betreut, die arme Landbevölkerung unterdrückt und ausgebeutet. In kleinen Dörfern lebten Fellachen, ortsansässige arabische Bauern. Im leeren, trostlosen Landesinnern weideten nomadische Beduinen ihre Ziegen- und Schafherden. Sie waren lediglich Pächter, Nutzer des Landes, während die wohlhabenden Landbesitzer in Beirut und Damaskus saßen.

Über die Zustände im Heiligen Land des 19. Jahrhunderts berichten etliche Pilger und Abenteurer. Mark Twain etwa machte im Jahre 1867 eine Reise durch den Vorderen Orient und beschreibt das Heilige Land so:

> *Von allen Ländern mit öder Landschaft muss Palästina, glaube ich, der Gipfel sein. Die Berge sind kahl, sie haben stumpfe Farben, sie zeigen unmalerische Formen. Die Täler sind hässliche Wüsten, von einer schwachen Vegetation gesäumt, die einen sorgenvollen und verzagten Ausdruck an sich hat.*

Bis zum Inkrafttreten des türkischen Grundbuchgesetzes im Jahre 1858 gab es keine offiziellen Urkunden, mit denen ein Bodenbesitzer seinen Rechtstitel auf seine Parzelle hätte begründen können. Er konnte sich einzig und allein auf die Überlieferung berufen, und gewöhnlich genügte das.

Die Bevölkerung konzentrierte sich in dieser Zeit auf wenige Stadtzentren. Ein erster offizieller Zensus hatte im Jahre 1844 in Jerusalem 7120 Juden, 5760 Muslime und 3390 Christen gezählt. 1874 berichtete der amerikanische Konsul de Haas, dass Jerusalem 30000 Einwohner habe, von denen 20000 Juden seien. Der schwäbische Missionar und spätere Königlich Württembergische Baurat Conrad Schick schrieb 1896 von 50000 Einwohnern Jerusalems. Landesweit wird die arabische Bevölkerung 1882 auf 150000 geschätzt, während gleichzeitig etwa 25000 Juden im Lande lebten. Im Jahre 1919 schätzte die englische Militärverwaltung die Zahl der Juden im Mandatsgebiet Palästina auf 56000, die der Muslime auf 457000. Daneben gab es noch 69000 Christen und andere Minderheiten.

Zu Beginn des Ersten Weltkriegs hatten noch 85000 Juden in Palästina gelebt. Der Krieg, eine Heuschreckenplage, Hunger und Krankheiten waren für die Bewohner schwer zu ertragen. Viele starben oder verließen das Land. Zusätzlich wurden zahlreiche Juden gegen ihren Willen von den Osmanen des Landes verwiesen, sodass sich die Zahl der jüdischen Bevölkerung des Landes Israel während des Ersten Weltkriegs um etwa ein Drittel verringerte.

Unter osmanischer Herrschaft wurde das Gebiet Teil der Provinz Damaskus mit den Unterbezirken Gaza, Jerusalem, Nablus und Safed. Mitte des 19. Jahrhunderts wurden Judäa und der nördliche Negev von Jerusalem aus verwaltet. Die Provinz Damaskus wurde auf das Gebiet östlich und nordöstlich des Jordans beschränkt. Der nördliche Teil des Landes Israel, Samaria und Galiläa, die Bezirke Nablus und Akko, wurden der Provinz Beirut zugeordnet.

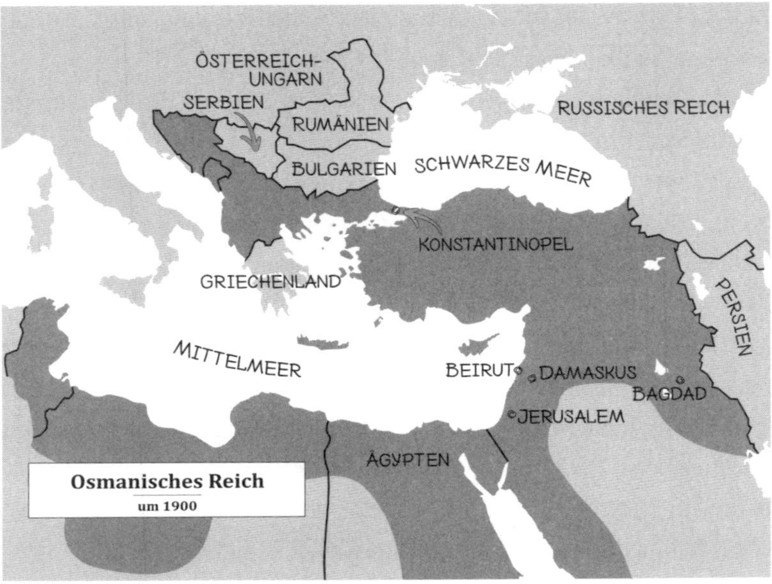

Die Briten griffen in der Zeit ihrer Verwaltung (1917–1948) den Begriff »Palästina« auf. Im Friedensvertrag von Versailles (1919) wird das Gebiet westlich und östlich des Jordans als »Palästina« bezeichnet, also das gesamte Gebiet des heutigen Staates Israel, der Palästinensischen Autonomie und des Königreichs Jordanien. 1921 trennten die Briten »Transjordanien« ab und machten es zu einem Emirat unter der Herrschaft der Haschemiten. Dieser Entschluss wurde 1922 vom Völkerbund bestätigt. Das Gebiet wurde geteilt in Ost-Palästina und West-Palästina.

Zwischen 1860 und 1912 entstanden neben christlichen Siedlungen, wie beispielsweise denen der schwäbischen Templer, eine ganze Reihe neuer, jüdischer Ortschaften im Land Israel. Christliche und jüdische Pioniere hatten mit der türkisch- bzw. arabisch-orientalischen Mentalität viele Probleme. Bestechungsgelder gehörten zur Tagesordnung. Das unwirtliche, wilde und versumpfte

Land bereitete große Schwierigkeiten. Deshalb wurden einige jüdische Dörfer in Siedlungsblocks gegründet, sodass man einander Hilfe leisten konnte. Diese ersten jüdischen Pioniersiedlungen wurden auf Hebräisch »Moschavot« (Kolonien, Ansitz, Niederlassung) genannt.

Ab 1910 kam mit Deganja eine neue, sozialistische Siedlungsform hinzu, der »Kibbuz«. Vor allem junge Einwanderer aus Russland und Leute der zweiten Generation aus der Moschavot-Bewegung experimentierten mit einer Gemeinschaftsform nach kommunistischen Idealen. Alle Einnahmen und Ausgaben wurden miteinander geteilt.

Vielfach überfielen Araber diese jüdischen Pioniersiedlungen. Häuser und Höfe wurden geplündert, die Felder zerstört oder verbrannt. Die jüdischen Bauern konnten nicht mit der Hilfe osmanischer Behörden rechnen. Deshalb mussten sie von Anfang an ihre Farmen und Felder selbst bewachen.

Die Osmanen teilten ihr Herrschaftsgebiet in Verwaltungsregionen ein, die »Sandschak« genannt wurden. Letztendlich war jedoch alles der »Hohen Pforte«, dem Sultan in Konstantinopel, untertan. Autonomien oder Staatengebilde gab es damals im Orient noch nicht. Seit 1906 war lediglich eine Grenze zwischen dem von Großbritannien kontrollierten Ägypten und dem Osmanischen Reich festgelegt. All das änderte sich mit dem Ersten Weltkrieg.

Jüdische Philanthropen wie Sir Moses Montefiore, Baron Hirsch und die Bankiersfamilie Rothschild unterstützten mit ihren Spendengesellschaften jüdische Landkäufe. Außerdem wurde eine jüdische Siedlerbank gegründet, die Vorläuferin der heutigen israelischen Bank Leumi. Große Bedeutung für den Kauf, die Urbarmachung und Besiedlung des Landes gewann der 1901 gegründete Jüdische Nationalfonds »Keren Kajemet LeIsrael« (KKL).

Jüdische Gründungen

1860 - 1912

1	Moza	1860	33	Mizpe	1908
2	Mikve Israel	1870	34	Tel Aviv	1909
3	Petach Tikva	1878	35	Deganja	1910
4	Bnei Jehuda	1881	36	Migdal	1910
5	Rischon LeZion	1882	37	Ben Schemen	1911
6	Nes Ziona	1882	38	Ruchama	1911
7	Schefia	1882	39	Merchavia	1911
8	Rosch Pina	1882	40	Chavat Poria	1912
9	Sichron Jaakov	1882			
10	Jesod HaMaala	1883			
11	Ekron	1883			
12	Gadera	1884			
13	Kastina	1887			
14	Beer Tuvia	1887			
15	Bat Schlomo	1889			
16	Mischmar HaJarden	1890			
17	Hadera	1890			
18	Rechovot	1890			
19	Ein Seitim	1891			
20	Hartuv	1895			
21	Metulla	1896			
22	Machanaim	1898			
23	Ilania	1899			
24	Kfar Tabor	1901			
25	Javniel	1901			
26	Menachemija	1902			
27	Kfar Saba	1903			
28	Atlit	1903			
29	Givat Ada	1903			
30	Hulda	1907			
31	Beer Jakov	1907			
32	Chavat Kinneret	1908			

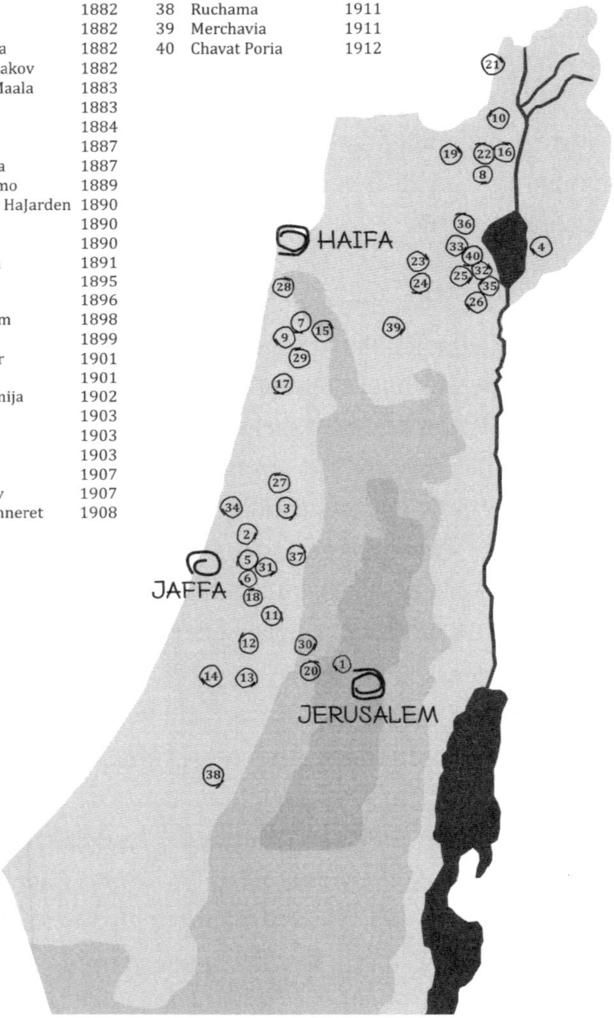

Jüdische Siedlungen, Felder und Wälder wurden schon damals ausschließlich auf Boden angelegt, der von Juden oder jüdischen Organisationen zuvor käuflich erworben worden war.

Das Sykes-Picot-Abkommen

Schon vor Ende des Ersten Weltkriegs planten Frankreich und Großbritannien eine neue Aufteilung des Nahen Ostens. Der Brite Mark Sykes und der Franzose François Georges-Picot legten das Gebiet für eine künftige jüdische Teil-Autonomie fest, die allerdings unter englischer, französischer und russischer Kontrolle stehen sollte. Dieses Abkommen, das 1916 unter Einbeziehung Russlands abgeschlossen wurde, sollte bis Ende des Krieges geheim bleiben.

Die schnurgeraden Linien durch die Berglandschaft Galiläas im Norden und über die tiefen Schluchten der judäischen Wüste und der Hebronberge im Süden lassen erkennen, dass diese Grenzziehungen unnatürlich waren und niemals in die Tat hätten umgesetzt werden können. Zudem war der Verlauf der Nordgrenze umstritten.

Der jüdische Chemiker Chaim Weizmann war den Briten im Ersten Weltkrieg durch die Entwicklung von Sprengstoff eine große Hilfe. Er hatte einen Lehrauftrag an der Universität Manchester. Zu seinem persönlichen Bekanntenkreis gehörten Winston Churchill, David Lloyd George, Herbert Samuel und Arthur James Balfour.

Am 2. November 1917 schrieb Balfour, der damals britischer Außenminister war, an Lord Walter Rothschild, der mit der zionistischen Bewegung zusammenarbeitete:

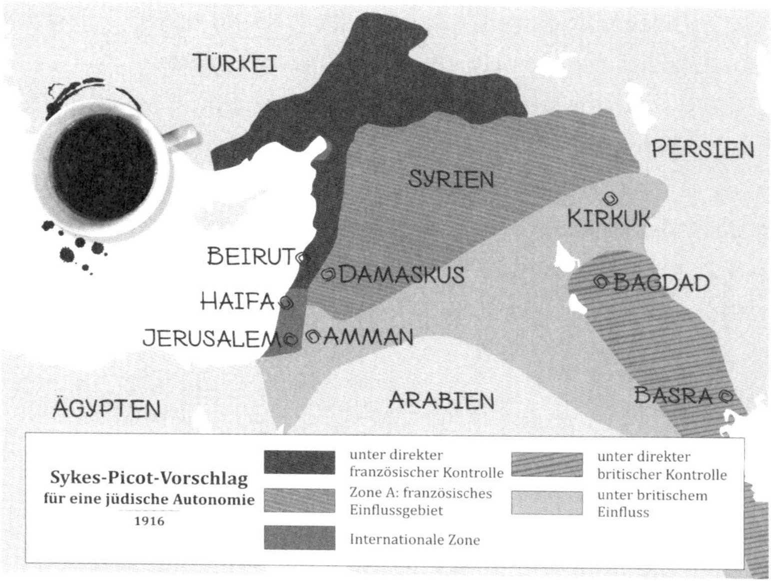

Die Regierung Seiner Majestät betrachtet die Schaffung einer nationalen Heimstätte in Palästina für das jüdische Volk mit Wohlwollen und wird größte Anstrengungen unternehmen, um die Erreichung dieses Zieles zu erleichtern, wobei es sich versteht, dass nichts getan werden soll, was die bürgerlichen und religiösen Rechte bestehender nichtjüdischer Gemeinschaften in Palästina oder die Rechte und die politische Stellung der Juden in irgendeinem anderen Lande beeinträchtigen könnte.

Diese »Balfour-Erklärung« wurde später von Frankreich, Italien, Japan und den USA bestätigt.

Eigentlich hätten die Jahre nach dem Ersten Weltkrieg zur großen Stunde für das jüdische Volk werden müssen. Europa und der Orient mussten mit den neuen Zuständen nach dem Krieg fertig werden. Doch die Vertreter des jüdischen Volkes verpassten eine große Gelegenheit, weil sie zu unentschlossen waren, um diese Situation für eine massive Einwanderung zu nutzen.

1920 sollte die Gründung des Gründungs- und Eingliederungsfonds »Keren HaJesod« frischen Wind in die zionistische Bewegung bringen. Doch viele Juden in Europa und Russland hofften nach Ende des Krieges und der russischen Revolution auf eine bessere Zukunft. Sie wiesen den Gedanken an eine »Alijah«, eine Einwanderung in das Land Israel, weit von sich.

Die Friedenskonferenzen von Paris und San Remo

Mit der Gründung des Völkerbundes im Januar 1920 wollte die Welt sicherstellen: »Nie wieder Krieg!« Pro-zionistische Mitglieder der britischen Regierung äußerten Verständnis für die Wünsche der Vertreter des jüdischen Volks, die unterschiedliche Anträge und Forderungen auf den Verhandlungstisch der Pariser Friedenskonferenz im Januar und Februar 1919 gelegt hatten.

Als Nordgrenze eines jüdischen Staates war der Fluss Litani im heutigen Libanon im Gespräch. Im Osten sollte sich das jüdische Siedlungsgebiet bis zu der Hedschas-Eisenbahnlinie östlich des Jordans ausdehnen und der Begriff »Nationale jüdische Heimstätte« wurde zum festen Bestandteil in Gesprächen und auf Arbeitspapieren. Ein »Jüdischer Rat« sollte die Einwanderung, den Erwerb von Grund und Boden und die Besiedlung unterstützen.

Doch jüdische Führungspersönlichkeiten hatten gegensätzliche Vorstellungen über die Nordgrenze. Wichtigste Streitpunkte waren die Wasserversorgung und geeignete Böden für eine erfolgreiche Landwirtschaft. Weiter wurden bei den Planungen sowohl die Sicherheit der Siedlungen als auch historisch-kulturelle Aspekte diskutiert.

Auf die Wasserquellen des Hermongebirges wollte man keinesfalls verzichten. Die Möglichkeit einer Umleitung des Litani in Richtung Süden zum Jordan hin wurde bedacht.

Zionistische Forderungen
auf der Pariser Friedenskonferenz
1919

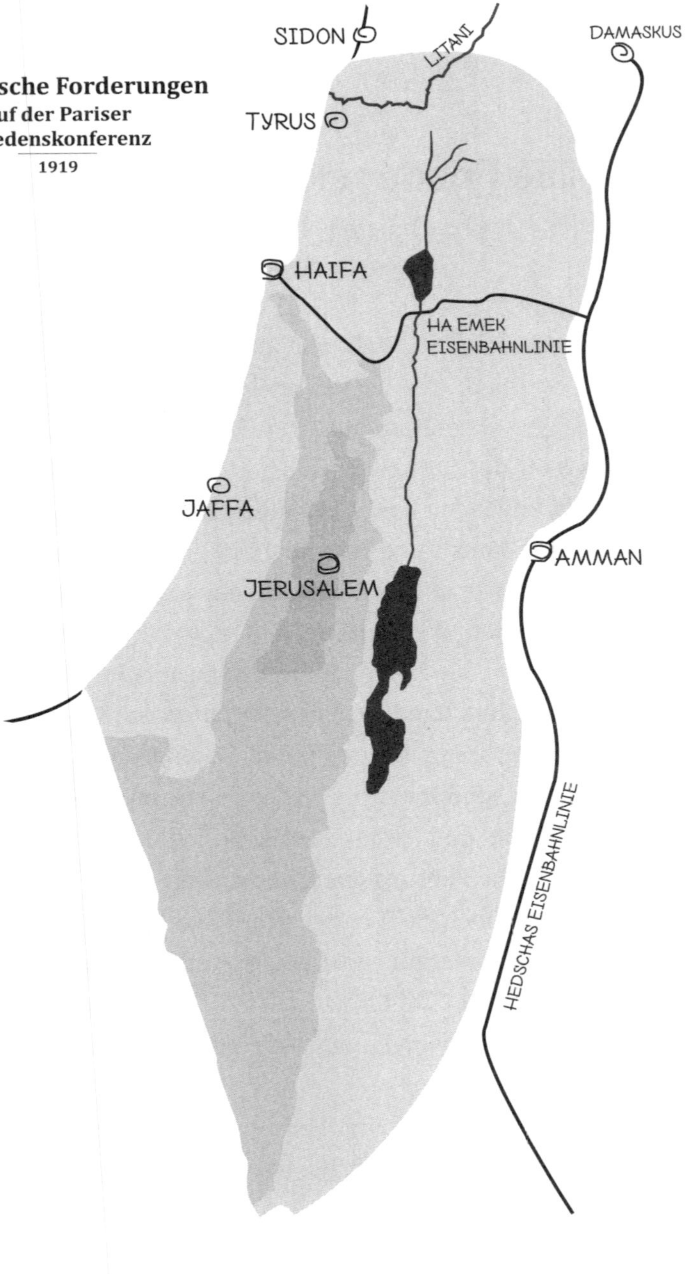

Gegen Ende des zweiten Jahrzehnts im 20. Jahrhundert wurden die jüdischen Ortschaften und Farmen in Nordgaliläa vermehrt von Beduinen angegriffen. Ungefähr einhundert Einwohner von Metulla flohen nach Sidon im Libanon und nach Kfar Giladi. Im Rahmen dieser Auseinandersetzungen fiel Josef Trumpeldor, der Kommandeur der nördlichen Siedlungsgruppe, am 1. März 1920 im Kampf um Tel Chai mit weiteren sieben Verteidigern. Vergeblich hatte er tagelang zuvor Verstärkung angefordert. Der Name der Stadt »Kirjat Schmonah«, »Stadt der Acht«, im Norden Israels erinnert an diese Ereignisse.

Am 24. April 1920 trafen sich die Vertreter Großbritanniens, Frankreichs und Italiens zu einer weiteren Friedenskonferenz im italienischen San Remo. Dort sollte auch der Grenzverlauf im Nahen Osten zwischen den Siegermächten Frankreich und Großbritannien festgelegt werden. Aber eine Entscheidung über den Verlauf der Nordgrenze des britischen Mandatsgebietes blieb aus.

Die Gebiete des späteren Libanon und Syriens fielen an Frankreich. Das Land Israel westlich des Jordans und das gesamte Gebiet östlich des Jordans bis ins Zweistromland wurde der Verwaltung Großbritanniens unterstellt. Der aus dem Hedschas, dem heutigen Saudi-Arabien, stammende Emir Faisal, ein Urgroßonkel des heutigen jordanischen Königs Abdallah II., unternahm einen Versuch, in Syrien als König die Macht zu ergreifen. Nachdem das von den Franzosen verhindert worden war, wurde er mithilfe der Briten König des Irak.

Im Verlauf des Jahres 1920 wechselten in Frankreich mehrmals die Regierungen, was die Festlegung der Grenze zwischen dem britischen und französischen Mandatsgebiet weiter hinausschob. Metulla, Kfar Giladi, Tel Chai und Chamara gehörten in jener Zeit noch zum französisch verwalteten Gebiet.

Am 1. Juli 1920 endete die britische Militärverwaltung über das Land Israel. Sir Herbert Samuel wurde am 11. September 1920 als erster Hochkommissar der britische Zivilverwalter des Mandatsgebiets Palästina.

Zeitgleich kam es in Jerusalem zu Unruhen. Araber griffen jüdische Stadtteile an. Es gab Tote und viele Verletzte.

1907 wurde in Jaffo unter dem Namen »Bar Giora« die erste jüdische Selbstverteidigungsgruppe gegründet. Ein Jahr später übernahm sie den Schutz der jüdischen Dörfer in Untergaliläa. 1909 vereinigte sie sich mit der Wachmannschaft »HaSchomer«, die 1920 aufgelöst und durch den jüdischen Verteidigungsverband »Hagana«, den Vorläufer der israelischen Armee, ersetzt wurde.

Die erste, vorläufige Grenzvereinbarung zwischen den französischen und britischen Mandatsgebieten wurde am 23. Dezember 1920 unterzeichnet. Im Vorfeld hatten viele jüdische Führungskräfte mündlich und schriftlich versucht, auf die Festlegung ihrer Nordgrenze Einfluss zu nehmen. Letztendlich entschieden die Regierungen Frankreichs und Großbritanniens entsprechend ihren eigenen Interessen.

Im April 1921 wurde Hadsch Amin al-Husseini Großmufti von Jerusalem, ein Jahr später zudem Präsident des Obersten Islamischen Rates. Bald darauf nahmen die Spannungen im ganzen Land zu und es kam zu weiteren blutigen Unruhen in Jaffa und anderen Orten.

Das Churchill-Weißbuch

Als Minister für die Kolonien veröffentlichte Winston Churchill im Sommer 1922 in London die amtliche Auslegung Großbritanniens der Balfour-Erklärung. Die Opposition gegen den Zionismus hatte zugenommen. Diese als »Weißbuch« bekannt gewordene Verlautbarung zeigt, wie sich die britische Regierung schrittweise von der Balfour-Erklärung distanzierte, obwohl das Palästinamandat des Völkerbunds aus demselben Jahr die Balfour-Erklärung ausdrücklich unterstützte. Großbritannien hatte das Mandat explizit zum Zweck des Aufbaus einer nationalen Heimstätte für das jüdische Volk in Palästina bekommen.

Schon im März 1921 hatte Churchill auf einer Konferenz in Kairo dem Scherif Hussein von Mekka versprochen, dass dessen Sohn Abdallah die Herrschaft über ein Emirat bekommen solle. »Transjordanien« nannte man diesen Teil des Landes, östlich des Jordans.

Damit waren die Weichen gestellt: Großbritanniens Interessen im Orient, insbesondere im Blick auf die Ölquellen Arabiens, waren wichtiger als irgendwelche Versprechen gegenüber Juden oder Arabern.

Stattdessen erklärte Winston Churchill nun in seinem Weißbuch, dass nicht mehr ganz Palästina für eine jüdische Heimstätte vorgesehen sei, sondern nur noch der Teil westlich des Jordans. Allerdings halte sich die Regierung Seiner Majestät an die Verpflichtung, den Juden beim Aufbau einer Heimstätte in Palästina behilflich zu sein.

So wurden 1922 etwa 75 Prozent des britischen Mandatsgebiets Palästina aus der für das jüdische Volk vorgesehenen Heimstätte ausgeklammert und zu einem Emirat für Emir Abdallah aus dem Hedschas erklärt. Diese erste Teilung Palästinas wurde am 24. Juli 1922 vom Völkerbund gebilligt.

So wurde der Ostteil des ursprünglichen britischen Mandatsgebiets Palästina zum Emirat »Transjordanien«, während das Land westlich des Jordans, die »Westbank«, bis zum Mittelmeer zur nationalen Heimstätte des jüdischen Volkes werden sollte. Nach Vorstellung des Völkerbunds war also das gesamte Gebiet zwischen Jordan und Mittelmeer für die jüdische Besiedlung vorgesehen.

Bis 1946 blieb Transjordanien Teil des britischen Mandats. Emir Abdallah, der Bruder des irakischen Königs Faisal, wurde König Abdallah I. Er war der Großvater des jordanischen Königs Hussein, dessen Sohn heute als König Abdallah II. das haschemitische Königreich Jordanien regiert.

So führten arabische Drohungen, Anfeindungen und Überfälle dazu, dass nur noch 25 Prozent des ursprünglichen britischen Mandatsgebiets Palästina für eine jüdische Besiedlung zur Verfügung standen. Hoffnungen der zionistischen Bewegung, diese Teilung des Landes Israel sei vorübergehend und pro-zionistische Kräfte innerhalb der englischen Mandatsverwaltung könnten ihr entgegenwirken, erwiesen sich als falsch. Seither bilden der Jordangraben, die Mitte des Toten Meeres und die Aravah-Senke im Süden die Ostgrenze des Landes Israel.

Über den Verlauf der Nordgrenze gab es in den Jahren 1920 bis 1923 viele Gespräche, Diskussionen, Vorschläge, Änderungen, Wünsche und Forderungen. Schließlich wurde nicht der Litani-

Erste Teilung
des britischen Mandats
Palästina
1922

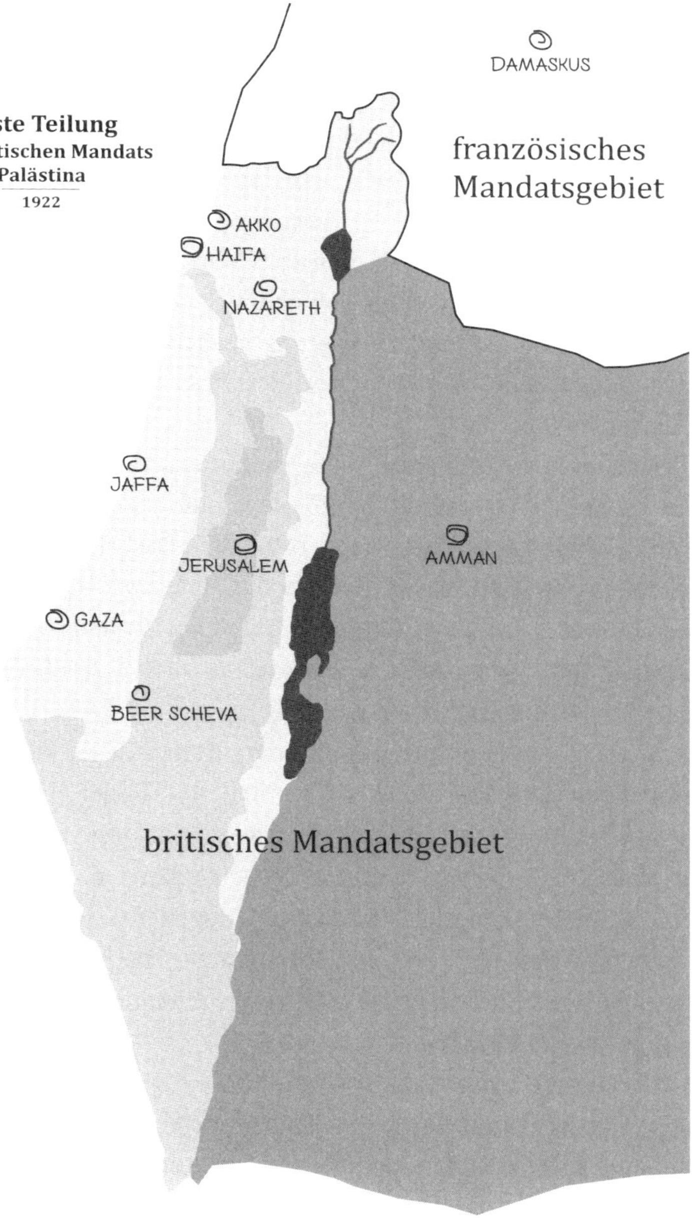

Fluss von den Mandatsmächten als Grenze bestimmt, wie lange Zeit vorgeschlagen und gehofft, sondern weiter südlich der Bergrücken, der im Westen mit dem Kreidefelsen Ras al-Nakura, dem heutigen Rosch HaNikra, an der Mittelmeerküste endet.

Entscheidend für die Festlegung der Nordgrenze war jüdischen wie britischen Vertretern die Wasserfrage. Bäche und Flüsse, die vom Libanon und dem Hermon ins Huletal, zum Jordan und in den See Genezareth fließen, sollten unter allen Umständen unter der Kontrolle der Mandatsregierung bleiben. Bemerkenswert ist, dass damals die Golanhöhen noch teilweise zum britischen Mandatsgebiet gehörten.

Pinchas Rutenberg hatte Pläne, im südöstlichen Hulebecken einen Staudamm zu bauen, um die topografischen Gegebenheiten zur Gewinnung von Elektrizität zu nutzen. Deshalb forderten jüdische Boden- und Wasserexperten das Hulegebiet für sich. Ende der 1920er-Jahre baute Rutenberg dann am Zusammenfluss von Jarmuk und Jordan, etwa zehn Kilometer südlich des Sees Genezareth, ein Wasserkraftwerk.

Angriffe von Beduinen auf die unter französischer Verwaltung stehenden jüdischen Dörfer im Norden von Galiläa, eine Regierungskrise in Frankreich und das Angebot des britischen Hochkommissars Herbert Samuel, auf die Golanhöhen ganz zu verzichten, wenn das Ostufer des Jordans und des Sees Genezareth dafür unter britischer Verwaltung blieben, brachte die französische Regierung schließlich dazu, den Vertrag zur Festlegung der Nordgrenze zu unterzeichnen.

Der genaue Grenzverlauf sollte mindestens zehn Meter östlich des Hule-Sees und des Sees Genezareth liegen. Auch der von Samuel geforderten neuen Grenze im Süden des Golan und im unteren Jarmuktal bis zu den heißen Quellen von El Chama,

Festlegung der Nordgrenze

1920 | 1923

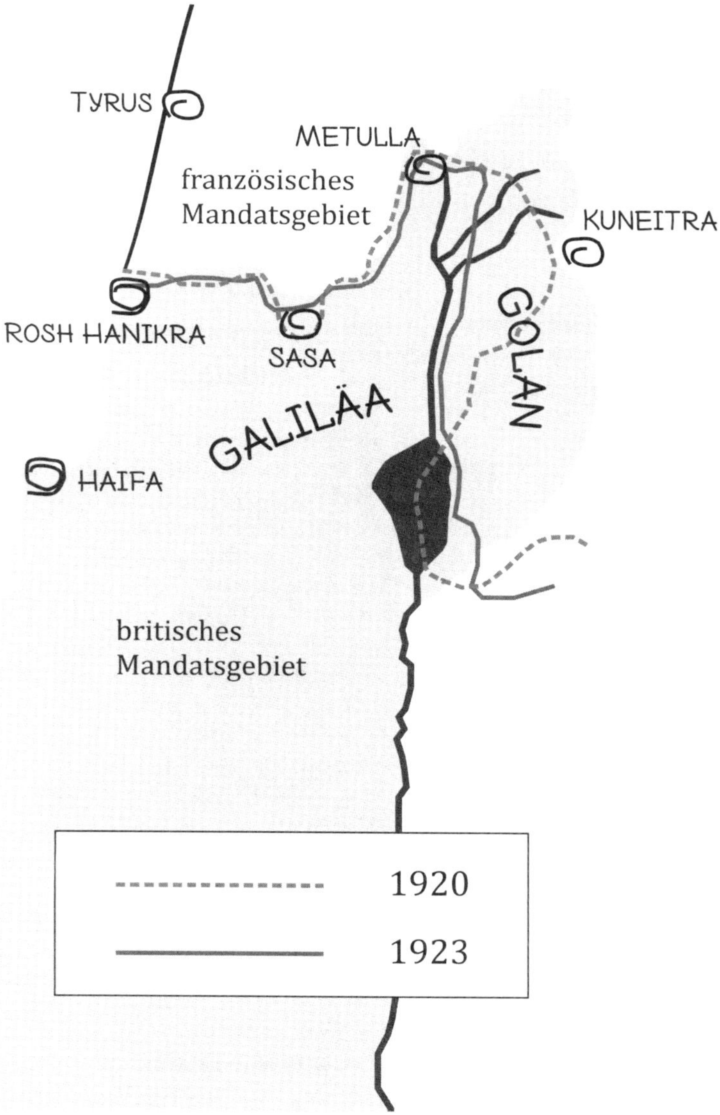

dem heutigen Chamat Gader, stimmten die Franzosen zu. Am 7. März 1923 wurde der Vertrag von Vertretern der britischen und französischen Regierungen unterzeichnet. Die Golanhöhen fielen damit in das französische Mandatsgebiet.

Nachdem die Familienstreitigkeiten im haschemitischen Herrscherhaus des Scherif von Mekka durch die Konzessionen Großbritanniens geschlichtet waren, konnten auch die Linien durch die Wüste gezogen werden.

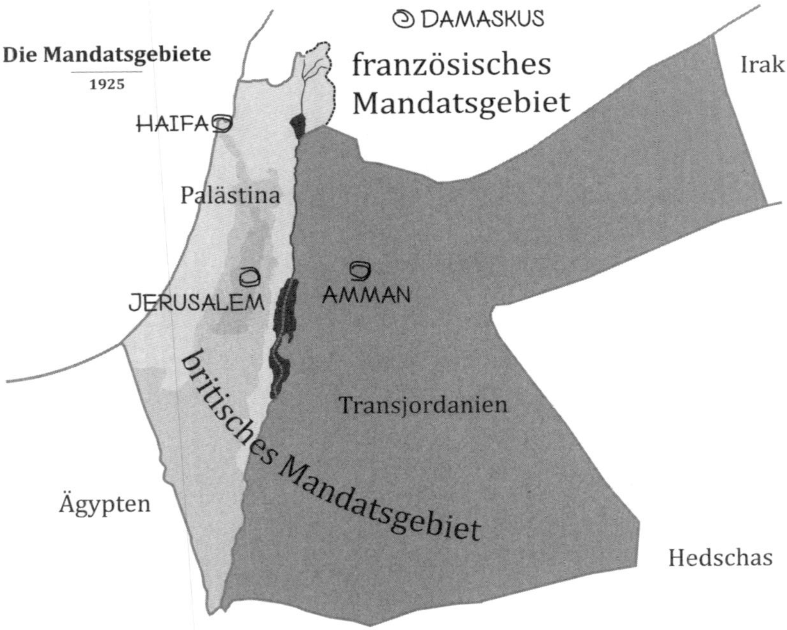

Scherif Hussein Ibn Ali sollte in Mekka, im Hedschas, bleiben. Seine Söhne bekamen je ein Emirat, Abdallah als Herrscher von Transjordanien, Faisal im Irak. Der britische Einfluss blieb erhalten. Der Zugang zu den Ölquellen war gesichert. Die Pläne für Pipelines durch die Wüste zum Mittelmeer wurden entworfen und verwirklicht.

Ein etwa hundert Kilometer breiter jordanischer Wüstenstreifen zwischen Syrien und dem Hedschas war für den sicheren Bau der britischen Ölleitungen vom irakischen Mossul nach Haifa vorgesehen. Auch der Tiefseehafen in Haifa wurde in jener Zeit von den Briten gebaut und im Jahre 1933 eröffnet.

Durch die Balfour-Erklärung und den zunehmenden Antisemitismus in Europa wanderten in den 1920er-Jahren immer mehr Juden nach Palästina ein. Mit diesen Einwanderern kam auch Kapital für Bodenkäufe und die Entwicklung des Landes. Junge Pioniere und die Nachkommen der ersten (1882–1904) und zweiten Einwanderungswellen (1904–1914) gründeten neue Ortschaften, besonders im Jesreel-Tal. Die Siedlungsform des Kibbuz hatte sich in den ersten Jahren der Pionierzeit bestens bewährt.

Seit 1921 kam eine neue Siedlungsform hinzu, der »Moschav«. In den »Moschavim« hatten die einzelnen Familien Privateigentum. Die Bauern eines solchen Dorfes praktizierten oft Maschinen- und Gerätegemeinschaft sowie eine Kooperation beim Einkauf von Saatgut und Verkauf der Produkte.

So entstand am Rande des malariaverseuchten Sumpfgebietes im Westen der Jesreel-Ebene die Siedlung Nahalal, genau wie in den folgenden Jahren zwischen Galiläa im Norden und dem Gilboa-Gebirge im Süden, zwischen dem Karmel bei Haifa im Westen und dem Jordantal im Osten insgesamt 23 jüdische Siedlungen. 1925 wurde die Stadt Afula gegründet.

Kfar Jehoschua wurde 1927 gegründet und nach Jehoschua Hankin benannt, der die meisten Böden des westlichen Jesreel-Tals von arabischen Großgrundbesitzern für den Jüdischen Nationalfonds KKL erworben hatte. Hankin kannte die arabischen Feu-

Jüdischer Landbesitz

1929

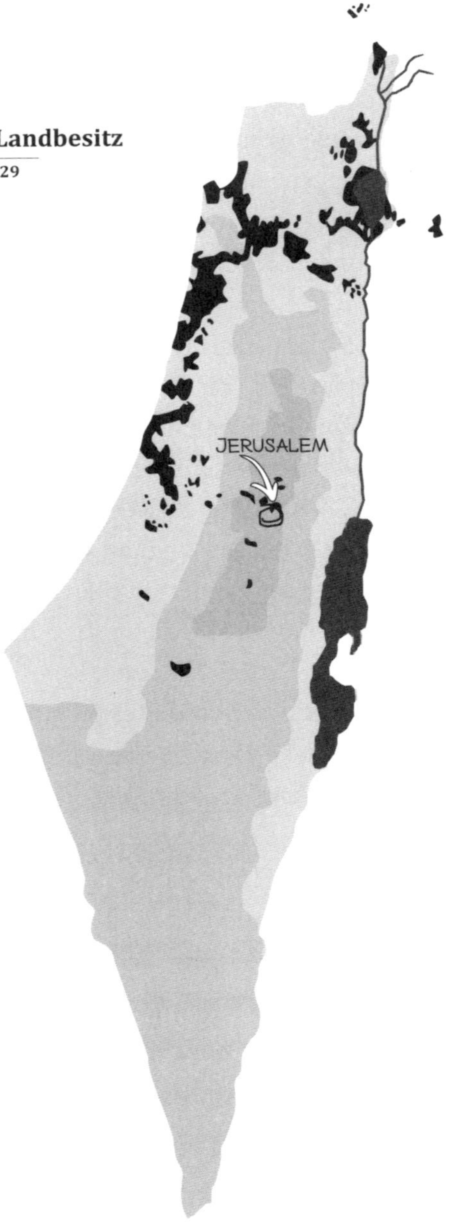

dalherren und hatte gute Kontakte zu ihnen. Er kaufte auch für verschiedene andere jüdische Organisationen Böden bei Rechovot und Hadera in der Küstenebene. Durch den Kauf der verrufenen und gefürchteten Sumpfgebiete der Jesreel-Ebene Anfang der 1920er-Jahre wurde er als »Goel HaEmek«, als »Erlöser der Ebene«, bekannt.

Durch Jehoschua Hankins Aktivitäten wechselten etwa 60 000 Hektar Boden in jüdischen Besitz. Bis Ende 1929 waren es insgesamt 90 000 Hektar, die von arabischen Großgrundbesitzern an Juden verkauft worden waren. Die meisten Ländereien wurden in den Grundbüchern auf die Namen jüdischer Organisationen eingetragen. Heute sind sie israelisches Staatsland.

Dazu schrieb der im Exil lebende, arabische Schriftsteller Abdel Rasek Kader 1969 zum tatsächlichen Sachverhalt der jüdischen Besiedlung:

Die Nationalisten der Nachbarländer Israels … wissen sehr wohl, dass die sumpfigen Ebenen und steinigen Anhöhen zu Beginn dieses Jahrhunderts und in den Tagen des britischen Mandats von ihren Vätern oder Onkeln an die Zionisten verkauft wurden, für Gold, für dasselbe Gold, das oft am Anfang ihrer politischen oder kommerziellen Laufbahn gestanden hatte. Die nomadischen oder halbnomadischen Landbewohner in den Grenzgebieten wissen sehr wohl, wie die jetzt so grünen Ebenen, die bewaldeten Anhöhen und blühenden Täler des heutigen Israel früher ausgesehen haben.

Die Palästinenser, die heute als Flüchtlinge in den Nachbarländern leben und zur Zeit ihrer Flucht schon erwachsen waren, wissen dies sehr wohl. Und keiner antizionistischen Propaganda … wird es gelingen, eine Tatsache aus ihrem Gedächtnis zu verbannen: dass ihre heutigen nationalistischen Ausbeuter die würdigen Söhne ihrer feudalen Ausbeuter von gestern sind, und dass die Dornen auf ihrem Lebensweg nicht jüdischen, sondern arabischen Ursprungs sind.

Das Passfield-Weißbuch

Die Reaktionen der Araber auf die jüdische Einwanderung und die Landkäufe der 1920er-Jahre ließen nicht auf sich warten. Im Sommer 1929 kam es zu schweren Unruhen. Mit Schusswaffen, Prügeln und Messern bewaffnet stürmten arabische Horden in die jüdischen Stadtviertel und Dörfer.

Es gab viele Opfer. Allein in Hebron wurden mehr als 60 jüdische Einwohner brutal ermordet. Das jüdische Safed ging in Flammen auf. Etliche jüdische Dörfer wurden geräumt und danach von den Aufständischen zerstört.

Als sich der Hassausbruch nach ungefähr einer Woche etwas beruhigt hatte, zählte man insgesamt 133 Tote, Hunderte Verwundete und großen Sachschaden. Mehr als 8000 Juden waren zeitweilig zu Flüchtlingen geworden, weil sie wegen der Unruhen ihre Häuser verlassen und in anderen Dörfern Unterschlupf suchen mussten.

Großbritanniens Kolonialminister Passfield berief einen Untersuchungsausschuss ein. Am 20. Oktober 1930 veröffentlichte er das nach ihm benannte »Passfield-Weißbuch«. Es fordert eine starke Einschränkung der jüdischen Einwanderung ins britische Mandatsgebiet Palästina.

Wieder wurde arabische Gewalt belohnt. Diese Tatsache wird auch dadurch nicht geschmälert, dass jüdische Proteste in der Presse, offene Kritik von David Ben Gurion am Verhalten der britischen Regierung und die Aufforderung, sich an die Balfour-Erklärung zu halten, Großbritannien letztendlich dazu brachte, den Inhalt dieses Weißbuches abzumildern.

Die »Alijah« der 1930er-Jahre

Mit der Machtergreifung Hitlers im Januar 1933 kam die Wende für die Juden in Europa. Finanzkräftige Einwanderer und große jüdische Spenden aus aller Welt ermöglichten den weiteren Erwerb von Land. Die Menschen dieser Einwanderungswelle, hebräisch »Alijah«, kamen zumeist aus Mitteleuropa. Deshalb ging diese Fünfte Alijah (1932–1939) als »Aliat HaJeckim«, »Einwanderungswelle der deutschen Juden«, in die Geschichte ein.

Hier ein Überblick über die ersten fünf jüdischen Einwanderungswellen ins Land Israel:

- Erste Alijah (1882–1904): Aufgrund von Pogromen in Russland und Rumänien machen sich 40000 Juden auf den Weg ins Land Israel.
- Zweite Alijah (1904–1914): Pogrome infolge der Revolution. 40000 meist mittellose junge Pioniere verlassen Russland.
- Dritte Alijah (1919–1923): Als Reaktion auf die Balfour-Erklärung wandern 30000 vor allem jüdische Arbeiter in das britische Mandat Palästina ein.
- Vierte Alijah (1924–1929): 62000 Juden aus dem kleinbürgerlichen Milieu fliehen vor polnischen Wirtschaftssanktionen nach Zion.
- Fünfte Alijah (1932–1939): 250000 Juden fliehen vor den Nazis nach Palästina.

Max Heippert, ein jüdischer Lehrer aus Kitzingen, schrieb nach einer Erkundungsreise im Jahr 1935 ins Land Israel:

> *Ich war unter anderem auch in einer Moschava, die ausschließlich von Deutschen neu besiedelt wurde ... Darunter 18 Ärzte und drei Rechtsanwälte, Männer meist in den mittleren Jahren. Sie haben dort Hühnerzucht und Gartenbau ...*
>
> *Die Leute haben sich sehr gut eingefügt und fühlen sich seelisch geborgen ... Alle diese Siedlungen, seien es nun Kwuzot oder Moschavot, sind Dörfer von etwa 200 bis 1 000 Einwohner. Sie dürfen aber jetzt nicht an eng aneinander gebaute Häusergruppen denken wie bei uns. Die Bewohner haben, wenn es privatwirtschaftliche Dörfer sind, einen großen Teil ihres Besitzes rings um ihr Gehöft liegen, sodass weit auseinandergezogene Rund- oder Langdörfer entstanden sind. Zu diesen oder auch durch sie führen von der Hauptstraße aus meist noch feldwegartige, sandige oder lehmige Verbindungswege ...*
>
> *... Wenn ich die drei Hauptstädte in einem Satz charakterisieren soll, so möchte ich sagen: Tel Aviv ist eine überlebendige Großstadt in der Größe von ½ Nürnberg mit einem Leben wie Berlin. Jerusalem ist eine klassische Stadt, neben der Altstadt eine neu erstandene, moderne Neustadt, der das religiöse Judentum zu einem großen Teil den Stempel aufdrückt, und Haifa ist die vornehme, aufstrebende Hafen- und Handelsstadt mit den schönsten Landschaftsbildern, dem bewaldeten Karmel im Hintergrund ...*

Der Grundtenor von Heipperts Bericht »Land im Aufbau« ist: Es gibt eine Zukunft im Land Israel. Lernt einen Beruf und »steigt hinauf«, das heißt, wandert ein. Er selbst wanderte im Frühjahr 1939 nach »Erez Israel« ein.

Zwischen 1933 und 1936 wanderten etwa 235 000 Juden nach Palästina ein. Davon waren nur 80 000 aus Deutschland geflüchtet. In der östlichen Jesreel-Ebene und im Jordantal bei Bet Schean wurde weiterer Grund und Boden erworben. Allein der Jüdische Nationalfonds KKL kaufte in dieser Zeit 11 000 Hektar Land.

Die Zahl der landwirtschaftlichen Gemeinschaftssiedlungen stieg von etwas mehr als 100 im Jahre 1931 auf 160 im Jahr 1936. Bis zum April 1936 waren mehr als 123 000 Hektar Land in jüdischer Hand.

Auch die Städte des Landes wurden ausgebaut. Tel Aviv wuchs in wenigen Jahren von einer Kleinstadt zur pulsierenden Großstadt. Aus dieser Zeit stammen viele Häuser im Bauhaus-Stil, die heute Weltkulturerbe sind. Die europäischen Neueinwanderer prägten mit ihrer Architektur, Lebensweise, Kleidung und den Essgewohnheiten ihrer Herkunftsländer die altneue Heimat. Noch lange erhielt sich dieses »alteuropäische« Leben in »Klein-Tel-Aviv«. Die alteingesessenen Tel Aviver Bürger sind bis heute stolz auf ihre »Weiße Stadt«, die erste neue jüdische Stadt, die 1909 inmitten von Sanddünen gegründet wurde.

Die arabische Bevölkerung beobachtete die schnelle jüdische Einwanderung und den erfolgreichen Aufbau des Landes mit Misstrauen. Nicht nur demografisch, sondern auch wirtschaftlich und politisch fühlten sie sich in den Hintergrund gedrängt. Die Araber befürchteten, dass es den Juden gelingen würde, das britische Mandatsgebiet Palästina in kurzer Zeit in ein »nationales Heim« für das jüdische Volk zu verwandeln.

Motiviert, nicht zuletzt durch die antijüdische Politik Hitlers und Mussolinis in Europa, brachen am 19. April 1936 in Jaffa wieder arabische Unruhen aus. Der Großmufti von Jerusalem, Hadsch Amin al-Husseini, ein persönlicher Freund des deutschen »Füh-

Jüdischer Landbesitz

1936

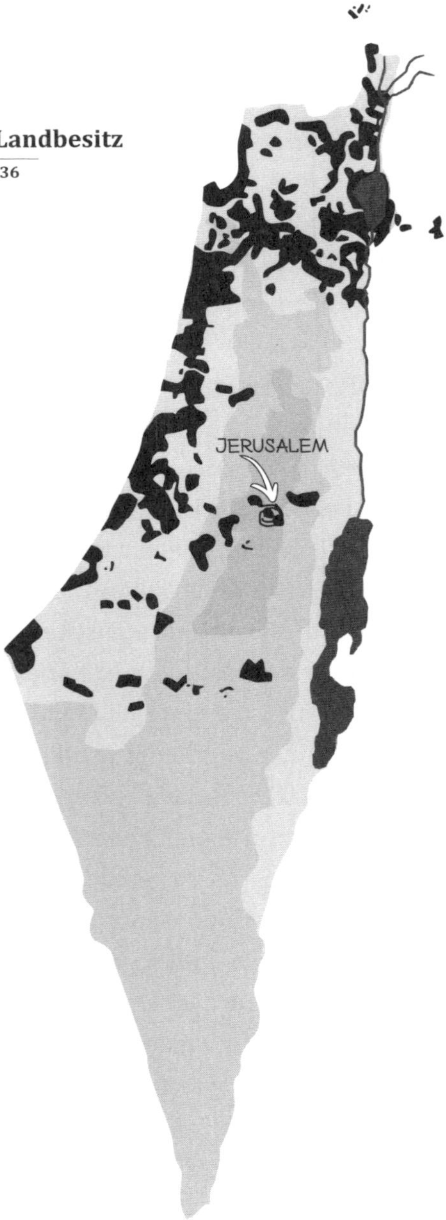

rers«, berief eine Notstandssitzung ein, auf der drei Dinge beschlossen wurden:

1. ein totaler Stopp der jüdischen Einwanderung
2. ein Verkaufsverbot von Grund und Boden an Juden
3. die Errichtung einer arabischen Nationalregierung

Durch Streiks wollten die Araber das öffentliche Leben lahmlegen und durch Ausschreitungen die Juden überall in Gefahr bringen. Sie hofften, dadurch die immer stärker werdende Zuwanderung zu stoppen oder wenigstens zu bremsen. In den ersten sechs Monaten dieses arabischen Aufstandes kamen fast hundert Juden ums Leben, 370 wurden verletzt. Bis Mai 1939 waren 415 jüdische Menschen dem arabischen Terror zum Opfer gefallen.

Die Briten, deren Aufgabe es als Mandatsmacht gewesen wäre, für Ruhe und Ordnung zu sorgen, hielten sich anfangs zurück. Als sich dann aber herausstellte, dass sich die Lage nicht so schnell beruhigen werde, versprachen sie, eine Untersuchungskommission zu entsenden, sobald die Araber ihre Streiks beendeten.

Die Peel-Kommission

Eine königliche Kommission unter Vorsitz des Lords Peel trat im August 1936 zusammen. Am 7. Juli 1937 veröffentlichte sie ihren Bericht. Sie empfahl, das Land in jüdische und arabische Gebiete zu teilen. Ein Korridor zwischen Jerusalem und Tel Aviv sollte als »britische Zone« bestehen bleiben.

Nach der ersten Teilung Palästinas von 1922 kam mit dem Vorschlag der Peel-Kommission erstmals ein Teilungsvorschlag für die verbleibenden 25 Prozent von Restpalästina auf den Verhandlungstisch. Der jüdische Teil Palästinas sollte nach Vorstellung der Peel-Kommission eine Fläche von 5000 bis 6000 Quadratkilometern umfassen.

Die Vertreter des jüdischen Volkes waren sich uneins: Einige hielten einen kleinen Staat in einem geteilten Land für besser als gar keinen Staat. Angesichts der nationalsozialistischen Bedrohung wollten sie so wenigstens eine Zufluchtsmöglichkeit für die europäischen Juden schaffen. Andere lehnten eine zweite Teilung des Landes ab und beharrten darauf, wenigstens das »Westjordanland« zu bekommen, also das ganze Gebiet zwischen Jordan und Mittelmeer, wie es die Briten nach dem Ersten Weltkrieg versprochen und im Mandatsvertrag von 1922 bestätigt hatten.

Die Teilung des Landes stand im Mittelpunkt des 20. Zionistischen Weltkongresses vom 3. bis 16. August 1937 in Zürich. Hitzige Diskussionen über den Teilungsplan der Peel-Kommission

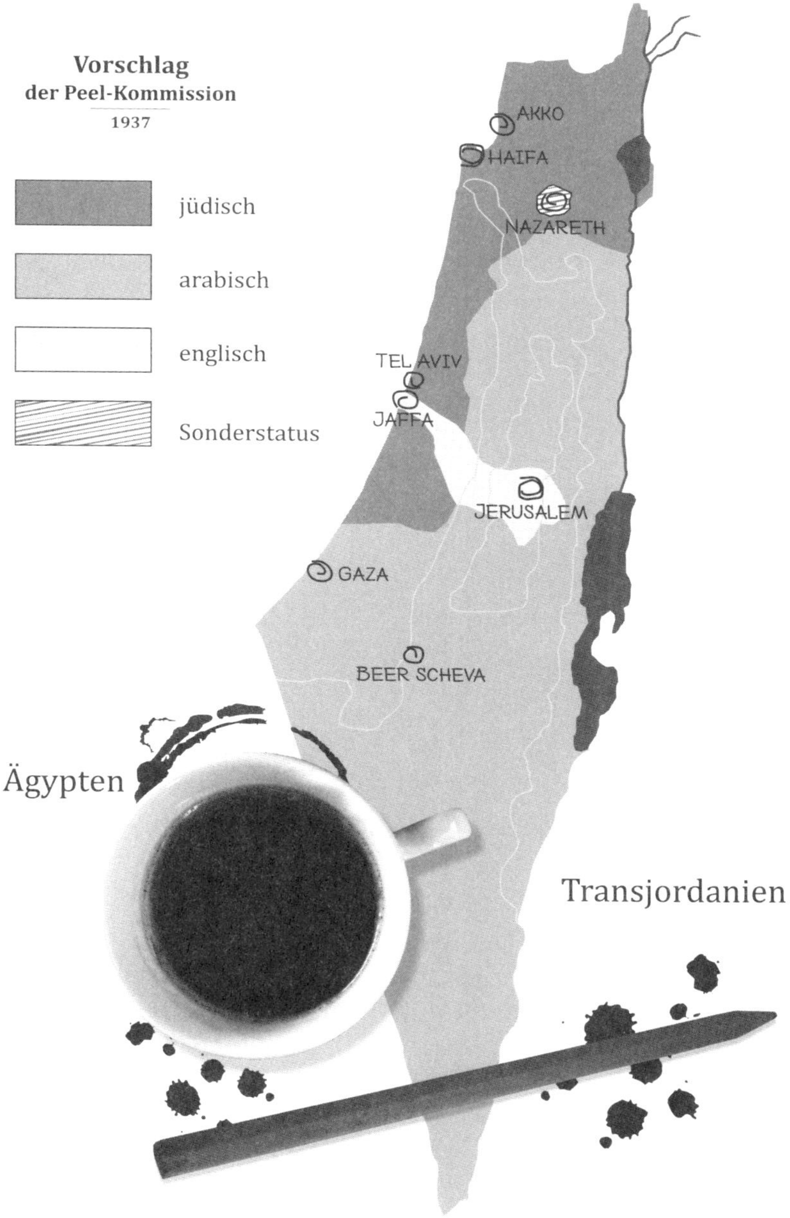
Vorschlag
der Peel-Kommission
1937
jüdisch
arabisch
englisch
Sonderstatus
AKKO
HAIFA
NAZARETH
TEL AVIV
JAFFA
JERUSALEM
GAZA
BEER SCHEVA
Ägypten
Transjordanien

drohten den Kongress zu sprengen. Ben Gurions Vorschlag, vorläufig noch keine Entscheidung zu fällen, um weiterhin mit den Briten im Gespräch bleiben zu können, wurde schließlich angenommen. Auch die Briten selbst wollten die Teilung des Landes noch hinauszögern.

Aber die Araber lehnten den Vorschlag der Peel-Kommission entschieden ab. Sie waren grundsätzlich gegen eine Zwei-Staaten-Lösung. Im September 1937 erklärten arabische Führer, sie würden »niemals einen jüdischen Staat in irgendeinem Teil Palästinas« zulassen.

Die Woodhead-Kommission

Im April 1938 berief die britische Regierung eine weitere Untersuchungskommission unter dem Vorsitz von John Woodhead ein. Die pro-arabische Einstellung ihrer Mitglieder war von Anfang an kein Geheimnis. Am 9. November 1938 veröffentlichte die sogenannte »Woodhead-Kommission« ihre Empfehlungen.

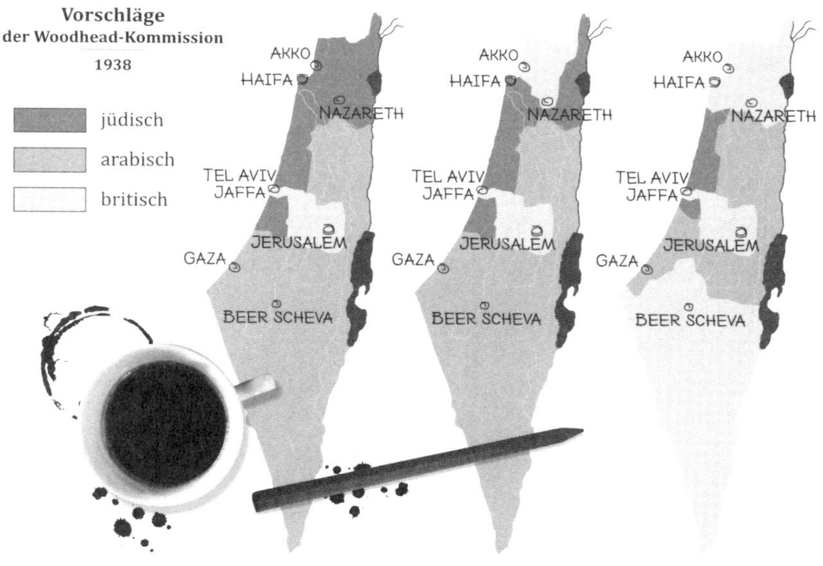

Deutlich ist auf den Karten zu erkennen, wie das Gebiet für einen jüdischen Staat möglichst klein und die britisch verwalteten Zonen möglichst groß gehalten werden. Im Vorschlag C blieb für die »jüdische Heimat« nur noch ein schmaler Küstenstreifen »zwischen Hadera und Gadera« – wie der Volksmund diesen Vorschlag eines Ministaates spöttisch bezeichnete.

Auffallend ist das Datum der Veröffentlichung der Teilungspläne der Woodhead-Kommission: der 9. November 1938. Am Abend dieses Tages und in der darauf folgenden Nacht wurden in Deutschland unzählige Synagogen, jüdische Häuser und Geschäfte durch ein von den Nazis minutiös geplantes und landesweit durchgeführtes Pogrom vernichtet. Zeitgleich bemühte sich die britische Regierung im Orient, dem jüdischen Volk so viel wie nur irgend möglich von dem Land wegzunehmen, das sie ihm nur wenige Jahre zuvor selbst versprochen hatte – und das den verfolgten europäischen Juden zu jener Zeit möglicherweise eine Zuflucht hätte bieten können.

Im Rahmen dieser sogenannten »Reichskristallnacht« und ihrer direkten Folgen wurden jüngeren Forschungen zufolge mindestens 1300 jüdische Menschen ermordet. 1406 Synagogen und jüdische Betstuben brannten aus oder wurden vollständig zerstört. Da der Beginn des Holocausts erst mit Ausbruch des Zweiten Weltkrieges 1939 oder gar erst mit dem Beschluss der »Endlösung« 1941 datiert wird, ist diese »Reichspogromnacht« in den meisten zusammenfassenden Angaben über die Schoah nicht mit erfasst.

»Mauer und Turm«

Auf die arabischen Unruhen und Terroraktionen reagierten die jüdischen Bewohner des britischen Mandatsgebiets Palästina mit einem verstärkten Bau von neuen Siedlungen. Über Nacht sollten Tatsachen geschaffen werden. Nach dem Ausbruch der arabischen Aufstände Anfang 1936 beschlossen jüdische Pioniere einen Plan von Schlomo Grasowski, ein Mitglied der Pioniergruppe Tel Amal, in die Tat umzusetzen.

Nahe einem zur Besiedlung geplanten Ort wurden in bereits etablierten Dörfern Bauteile aus Holz gefertigt. Vor Ort wurden Baugelände und ein Zufahrtsweg planiert. Sobald alles bereit war, transportierten die Siedler in einer Nacht-und-Nebel-Aktion mithilfe von vielen Freiwilligen die Fertigbauteile an den Ort der neuen Siedlung.

Als Erstes wurde die 2,20 Meter hohe Umfassungsmauer erstellt. Doppelte Holzwände mit einem Abstand von etwa 30 Zentimetern wurden miteinander verstrebt, der Zwischenraum mit Kies, Schotter und Erde aufgefüllt. Der so entstandene, etwa 35 auf 35 Meter große Innenhof bot Schutz für den weiteren Aufbau eines Wachturms, einiger Hütten, eines Waschraums sowie von Schutzdächern für die Tiere.

Dieses System wurde bald unter dem Begriff »Mauer und Turm« bekannt. In weniger als drei Jahren entstanden in dieser Zeit 52 neue jüdische Siedlungen, von Negba am Rande der Negevwüste

Mauer und Turm

Siedlungsaktion

1936 - 1939

Kfar Hittim	1936
Nir David	1936
Tirat Zvi	1937
Moledet	1937
En Gev	1937
Ginosar	1937
Hanita	1938
Schavei Zion	1938
Allonim	1938
Maale HaHamischa	1938
En HaMifraz	1938
Dan	1939
Dafna	1939
Sde Elijahu	1939
Schadmot Dvorah	1939
Negba	1939
Amir	1939
Kfar Warburg	1939

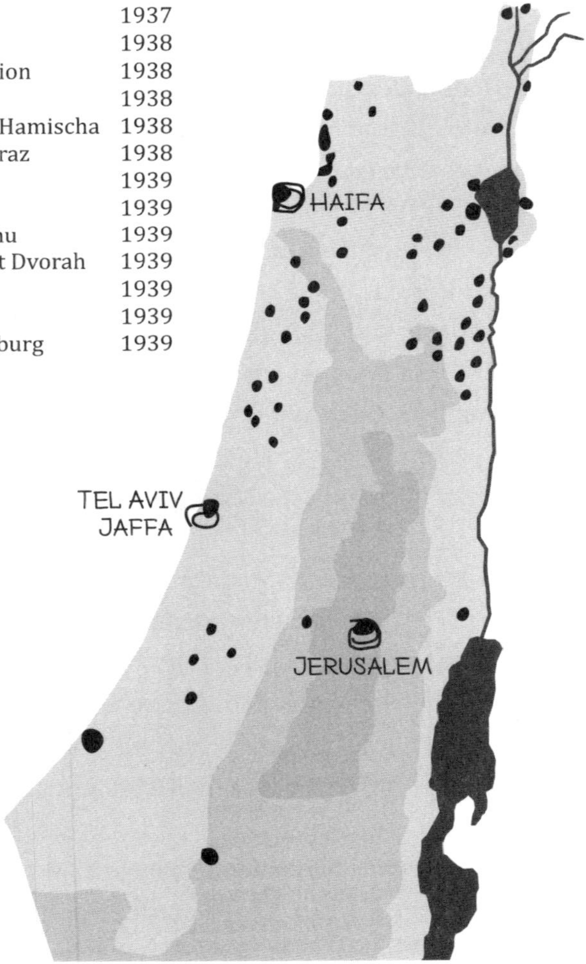

im Süden Israels bis zu den nordisraelischen Ortschaften Hanita an der libanesischen Grenze bei Naharia oder den Orten Dan und Dafna am Fuße des Hermon.

Weil Nachschub und Verstärkung gut organisiert waren, konnten sich diese neuen Farmen gegen arabischen und britischen Widerstand behaupten. Sie schlossen sich dann in der Regel entweder der Kibbuzbewegung oder der Organisation der Moschavim an. Die Tatsachen, die durch die »Mauer und Turm«-Besiedlung geschaffenen wurden, haben später die Grenzvorschläge des zweiten UNO-Teilungsplanes im November 1947 stark beeinflusst.

Das MacDonald-Weißbuch

Anfang 1939 wurden arabische und jüdische Vertreter aus Palästina zu einer Konferenz nach London geladen. Von vornherein lehnte die arabische Delegation ab, mit Juden in einem Raum zu sitzen, und forderte einen totalen Stopp der jüdischen Einwanderung sowie ein Verbot des Landverkaufs an Juden. Die Araber bestanden auf einer sofortigen Gründung eines freien, unabhängigen arabischen Staates auf dem gesamten Gebiet des britischen Mandats Palästina. Außerdem erklärten sie die Absicht, unmittelbar nach einer Staatsgründung alle Zionisten, die seit der »Invasion« im Jahre 1882 ins Land gekommen waren, zu deportieren.

Am 17. Mai 1939 veröffentlichte Großbritanniens Kolonialminister Malcolm MacDonald ein neues Weißbuch. Darin stellte er die britische Verantwortung fest, die jüdische Einwanderung nach Palästina zu stoppen. MacDonald meinte, man könne der arabischen Bevölkerung nicht zumuten, gegen ihren Willen unter jüdischer Herrschaft leben zu müssen.

Aus zionistischer Sicht war das MacDonald-Weißbuch eine Katastrophe. Es kam einem Programm zur Vernichtung der jüdischen Hoffnung auf eine nationale Heimstätte auf dem Gebiet des britischen Mandats Palästina gleich. David Ben Gurion erklärte das Ende des politischen und den Beginn des kämpfenden Zionismus. In Orten mit großer jüdischer Bevölkerung fanden große Demonstrationen gegen die Briten statt. Das jüdische Volk fühlte sich von den Engländern verraten. Großbritannien wollte sich ganz offensichtlich angesichts des drohenden Krieges in Europa die Unterstützung der Araber sichern.

Im September 1939 brach mit dem deutschen Einmarsch in Polen der Zweite Weltkrieg aus. Ben Gurion verkündete, man werde den Briten im Krieg gegen Deutschland beistehen müssen, als gäbe es kein Weißbuch. Gleichzeitig aber würden die Juden Palästinas das MacDonald-Weißbuch bekämpfen, als gäbe es keinen Krieg.

Jüdische Widerstandsgruppen organisierten in diesen Jahren eine illegale Einwanderung von Europa nach Palästina, die trotz Weißbuch vielen Juden das Leben rettete. Sie konnten dem nationalsozialistischen Völkermord entkommen und im Land Israel eine neue Existenz aufbauen, während freie westliche Länder ihre Tore für die bedrohten Juden schlossen.

Der jüdische Schriftsteller und Religionsphilosoph Schalom Ben Chorin, 1913 in München geboren, kam 1935 als Emigrant nach Palästina. Er hatte die ausweglose Situation der Juden erkannt und schrieb 1939 das Gedicht über den Landteilungsvorschlag:

Wenn ich ein Fischlein wär

»Geteiltes Leid ist halbes Leid«, das trifft nicht immer zu, man teilt und feilt – doch ob das heilt … Ich glaub's nicht – glaubst es du?

Bis jetzt hat man sich nur gekeilt, allein das Land blieb heil: Was eh zu klein, jetzt wird's geteilt, und jeder hat sein Teil!

Ob das so salomonisch ist – ich glaub's nicht – glaubst es du? Ich fürcht', dass das sehr komisch ist, und keinem bringt es Ruh.

Wenn zwei nicht satt zu kriegen sind mit einem Brocken schon, ob die dann wohl zufrieden sind mit halber Portion?

Die Rechnung geht halt gar nicht auf, wie man's auch dreht und wend't. So hemmt man nicht des Schicksals Lauf, wenn's ringsherum schon brennt.

Ich weiß schon, wie zu teilen wär, zu löschen auch der Brand: Die Juden kriegen halt das Meer, die Araber das Land.

Das nennt man dann »binational«, ist auch humanitär. Nur eins daran ist recht fatal: Was tut ein Jud im Meer?

Ach, wenn ich nur ein Fischlein wär, ein End hätt die Geschicht – ich schwämm vergnügt im blauen Meer … – doch leider bin ich's nicht!

Tabelle: Bevölkerungsentwicklung im britischen Mandat Palästina (1917–1948):

	Araber	**Juden**
1919	526000	55000 (Schätzung der Briten)
1922	560583	83794 (Zensus vom 23.10.1922)
1931	851110	174610 (Zensus vom 18.11.1931)
1939	ca. 1000000	ca. 500000
1948	ca. 1200000	ca. 650000

Arabische Zuwanderung

Zionistische Aufbauarbeit und britische Mandatsverwaltung bewirkten eine erstaunliche Entwicklung des Landes westlich des Jordans. Dadurch eröffneten sich neue Verdienstmöglichkeiten und Arbeitsplätze für arabische Arbeiter aus den umliegenden Ländern.

Aus dem Hauran, ein im heutigen Syrien liegendes Wüsten- und Steppengebiet, kamen in den Jahren 1934 und 1935 etwa 25 000 Landarbeiter. Sie kamen als Gastarbeiter, um für ihre Familien Brot zu verdienen, blieben dann aber im britisch verwalteten Palästina hängen.

Die Volkszählung der Briten im Oktober 1922 registrierte weniger als 600 000 Araber im westlichen Palästina zwischen Jordan und Mittelmeer. Bis zum Ende der Mandatszeit 1948 hatte sich die Zahl der Araber in diesem Gebiet auf 1,2 Millionen mehr als verdoppelt.

Laut britischen Angaben über die demografischen Entwicklungen kamen im Laufe der Mandatszeit 1917 bis 1948 etwa 300 000 arabische Zuwanderer aus den Nachbarländern nach Palästina. Bis heute geben die Familien- und Sippennamen dieser Menschen Auskunft über die Herkunft ihrer Vorfahren.

Die deutliche Verbesserung der medizinischen und hygienischen Versorgung der arabischen Bevölkerung im britischen und jüdischen Einflussbereich führte dazu, dass die Kindersterblichkeit drastisch gesenkt und die Lebenserwartung deutlich erhöht wurde. Das führte zu einem weiteren starken Anstieg der arabischen Einwohnerzahlen im britischen Palästina.

Der Zweite Weltkrieg

Der Ausbruch des Zweiten Weltkrieges setzte den Verhandlungen im britisch-jüdisch-arabischen Dreieck ein vorläufiges Ende. Verbindungen mit Europa brachen fast vollständig ab. Die Bemühungen um eine illegale Einwanderung von jüdischen Flüchtlingen aus Europa gingen allerdings ununterbrochen weiter. Ansonsten bemühte man sich im britischen Mandat, die Normalität des täglichen Lebens beizubehalten.

Ab 1942 begann die britische Armee Häfen und Militärstützpunkte auszubauen. Für Polizei und Armee wurden Festungen mit dicken Betonmauern erbaut. Die Nachrichten von den Fronten waren besorgniserregend. In Nordafrika, auf dem Balkan und in Südrussland waren deutsche Truppen auf dem Vormarsch. Wie eine Zange näherten sie sich dem Land Israel von Norden und Südwesten.

Hadsch Amin al-Husseini, der Großmufti von Jerusalem und Führer der Araber Palästinas, war von den Briten wegen seiner pro-deutschen Sympathien in Richtung Irak abgeschoben worden. Dort hatte er einen Umsturz inszeniert und kam dann über Griechenland nach Berlin, wo er im November 1941 Adolf Hitler traf. Er bat ihn um Unterstützung für die historische Beseitigung der Juden in Palästina und bekundete dem »Führer« große Sympathie. Er versicherte ihm nicht nur theoretisch, mit muslimischen Truppen auf der Seite Deutschlands kämpfen zu wollen, sondern gründete auf dem Balkan die SS-Truppe Handschar, die Juden jagte, um sie nach Auschwitz deportieren zu lassen.

Jüdische Freiwillige meldeten sich bei den Engländern. In besonderen Einheiten kämpften sie auf Seiten der Briten gegen die Deutschen. Für die jüdische Zivilbevölkerung Palästinas wurden Evakuierungspläne vorbereitet, sollten deutsche Truppen das Land erreichen. In Griechenland standen schon Gaskammern bereit, die aber in Palästina nie zum Einsatz kamen. Die deutsch-arabischen Kriegspläne gingen nicht in Erfüllung, weil Rommel bei El-Alamein geschlagen wurde.

Nach dem Holocaust

Das erklärte Kriegsziel von Nazideutschland war nicht nur die Beherrschung Europas, sondern die Auslöschung des jüdischen Volkes. Nach Ende des grausamsten Krieges, den die Menschheit je erlebt hat, irrten Zehntausende körperlich und psychisch traumatisierte jüdische Menschen durch Europa, auf der Suche nach Angehörigen und einer Zukunft.

Im Laufe des Jahres 1946 sammelten sich mehr als 250000 jüdische Holocaustüberlebende in Lagern in Europa. Viele suchten einen Weg in die Freiheit im Land Israel.

Doch Großbritannien erlaubte den Flüchtlingen – die der »Hölle« entkommen waren – nicht, Zuflucht in seinem Mandatsgebiet zu finden, das ihm vom Völkerbund ausdrücklich zur Errichtung einer nationalen Heimstätte für das jüdische Volk anvertraut worden war.

Nur wenigen Holocaustüberlebenden gelang ein Durchbruch der britischen Blockade und die illegale Einwanderung. Die meisten der hoffnungslos überladenen Flüchtlingsschiffe, die von Europa aus über das Mittelmeer Palästina zu erreichen suchten, wurden von der britischen Marine abgefangen. Mehr als 50000 schwache, kranke, ausgehungerte Juden, die dem Völkermord der Nationalsozialisten entkommen waren, wurden zwischen Sommer 1946 und Mai 1948 hinter britischem Stacheldraht auf der Mittelmeerinsel Zypern interniert.

Widerstandsgruppen, von denen manche seit den 1920er-Jahren aktiv in den jüdischen Untergrundverbänden der »Hagana« zur Verteidigung der Pionierdörfer beigetragen hatten, wollten die Engländer allen Weißbüchern zum Trotz dazu zwingen, sich an ihr in der Balfour-Erklärung gegebenes Versprechen und den Zweck des Völkerbundmandats zu halten und dem jüdischen Volk die Gründung eines eigenen Staates in Palästina zu ermöglichen.

Als die Briten nach dem Zweiten Weltkrieg auch Holocaustüberlebenden die Einreise verweigerten, verbündeten sich Hagana-Verbände zeitweilig mit extremen jüdischen Untergrundkämpfern, die sich in den Gruppen »Etzel« und »Lechi« organisiert hatten. Sie sprengten Eisenbahnlinien, Straßen und Brücken und richteten britische Soldaten hin.

Die Briten durchzogen das Land, errichteten im Gegenzug überall Straßensperren und veranstalteten Hausdurchsuchungen, um Waffen, Sprengstoff und die Rädelsführer des jüdischen Freiheitskampfes dingfest zu machen. Bei dem spektakulärsten Anschlag auf das King David Hotel in Jerusalem kamen mehr als 90 Menschen ums Leben, weil die Briten Warnungen in den Wind geschlagen hatten. Die Mandatsverwaltung verhängte eine Ausgangssperre über die Stadt und verhaftete Hunderte von Verdächtigen.

Eine Untersuchungskommission aus sechs Briten und sechs Amerikanern besuchte die jüdischen Flüchtlingslager in Europa, um danach arabische und jüdische Vertreter in Palästina zu treffen. Einstimmig sprach sich die Kommission Ende April 1946 dafür aus, das Weißbuch von 1939 für ungültig zu erklären und sofort 100 000 jüdischen Holocaustüberlebenden die Einreise zu gestatten. Die Mandatsregierung erklärte ihr Einverständnis, diesen Forderungen nachzukommen, unter der Bedingung, dass alle jüdischen Untergrundorganisationen ihre Waffen auslieferten.

Bald nach Ende des Zweiten Weltkrieges veränderte sich die gesamte politische Großwetterlage im Nahen Osten. Frankreich entließ 1945 den Libanon in die Unabhängigkeit, ein Jahr danach Syrien. 1946 gewährte Großbritannien dem Königreich Transjordanien die Eigenstaatlichkeit. Nur die Unabhängigkeit des jüdischen Palästina wurde hinausgezögert, weil man das Westjordanland – den Westen Palästinas, zwischen Jordan und Mittelmeer, etwa ein Viertel des ursprünglich dem jüdischen Volk versprochenen Landes – noch einmal in zwei Staaten teilen wollte.

Der Morison-Grady-Plan

Das als »Morison-Grady-Plan« bekannt gewordene Papier sah eine Aufteilung Restpalästinas in drei Zonen vor.

17 Prozent von Rest-Palästina sollten jüdisch werden, 40 Prozent arabisch. Das Gebiet um Jerusalem mit einem Zugang zum Mittelmeer und die Negev-Wüste im Süden umfasste 43 Prozent und sollte unter britischer Verwaltung bleiben.

Jede dieser drei Zonen sollte eine autonome Regionalverwaltung bekommen, die jeweils direkt der britischen Zentralregierung unterstellt sein sollte. Die Engländer wollten auch die jüdische Einwanderung in die jüdische Zone selbst kontrollieren.

Der Morison-Grady-Plan wurde von allen Beteiligten, Juden wie Arabern, aber auch von den Amerikanern, abgelehnt. Deshalb übergab die britische Regierung die Palästinafrage am 18. Februar 1947 in die Hände der Vereinten Nationen.

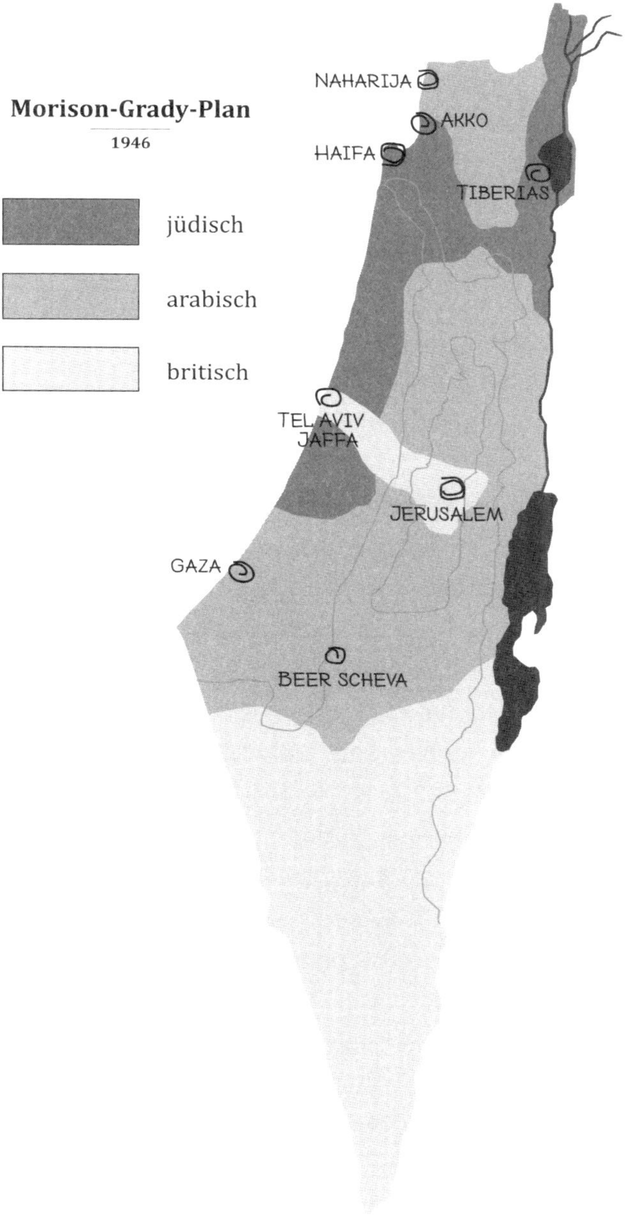
Morison-Grady-Plan
1946
jüdisch
arabisch
britisch
NAHARIJA
AKKO
HAIFA
TIBERIAS
TEL AVIV
JAFFA
JERUSALEM
GAZA
BEER SCHEVA

Ein jüdischer Vorschlag

Nachdem die Verantwortung wieder bei der internationalen Völkergemeinschaft lag, unterbreitete die Jewish Agency den Vereinten Nationen im Mai 1947 ihre eigenen Vorschläge. Für die jüdischen Wohn- und Anbaugebiete brachte sie ihre Maximalwünsche zum Ausdruck.

Wenn die Stadt Jerusalem schon einer internationalen Verwaltung unterstellt werden sollte, dann auch der Hafen und die Stadt Jaffa, deren Einwohner mehrheitlich Araber waren. Die Hafenstadt Jaffa sollte nach den jüdischen Vorstellungen keine territoriale Verbindung zum arabischen Staat haben.

Für das internationale Jerusalem wäre kein Korridor zum Mittelmeer mehr vorgesehen. Vom jüdischen Staat aus wäre ein Zugang zur Stadt nur von der Wüste Juda her möglich.

Nachdem die Vereinten Nationen und die Araber diesen jüdischen Vorschlag zur Teilung des Westjordanlandes abgelehnt hatten, ernannte die UN-Generalversammlung am 15. Mai 1947 das »United Nations Special Committee on Palestine« (UNSCOP), einen Sonderausschuss, der die Situation vor Ort prüfen und Lösungsvorschläge erarbeiten sollte.

Dem UNSCOP war schnell klar, dass das Land geteilt werden musste. Man war bemüht, Vorschläge zu Grenzziehungen entsprechend den örtlichen Gegebenheiten auszuarbeiten.

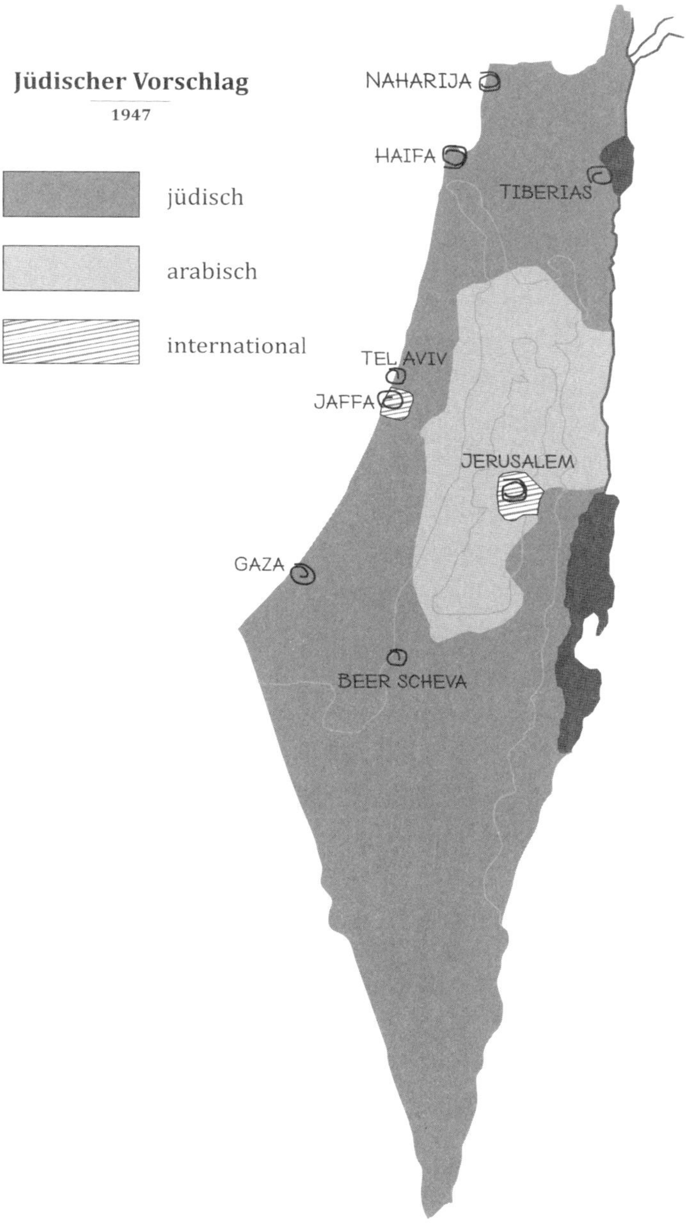
Jüdischer Vorschlag
1947
jüdisch
arabisch
international
NAHARIJA
HAIFA
TIBERIAS
TEL AVIV
JAFFA
JERUSALEM
GAZA
BEER SCHEVA

Der Sonderausschuss UNSCOP

Vertreter aus elf Ländern fanden sich 1947 unter dem Vorsitz von Schweden im »United Nations Special Committee on Palestine« (UNSCOP) zusammen. Jüdischerseits unterstützte man die Arbeit des UNSCOP, während die Araber kein Hehl aus ihrer Ablehnung machten und Kontakte mit den Ausschussmitgliedern mieden.

Die Vertreter Schwedens, der Niederlande, Polens, Kanadas, Uruguays, Guatemalas und Perus befürworteten eine Teilung des Landes in zwei voneinander unabhängige Staaten. Die Gesandten Indiens, des Iran und Jugoslawiens dagegen forderten eine Föderation einer jüdischen und einer arabischen Autonomie in Palästina und ein Mitspracherecht der Araber in Fragen der jüdischen Einwanderung. Australien enthielt sich bei der Abstimmung.

Zwei Lösungsvorschläge des UNSCOP wurden bereits durch eine Abstimmung innerhalb der Kommission abgelehnt. Ein dritter Teilungsvorschlag wurde am 29. November 1947 der Vollversammlung der Vereinten Nationen zur Abstimmung vorgelegt.

Abgelehnte UNSCOP-Vorschläge

1947

UN-Resolution 181

Am 29. November 1947 stimmte die Generalversammlung der Vereinten Nationen in Lake Success im US-Bundesstaat New York über den dritten Teilungsvorschlag der UNSCOP ab. Mit 33 Ja-Stimmen, 13 Nein-Stimmen und zehn Enthaltungen wurde die UNO-Resolution 181 verabschiedet.

So sollten die verbleibenden 25 Prozent von Rest-Palästina noch einmal in einen jüdischen und einen arabischen Staat geteilt werden. Arabischer Terror und wirtschaftlicher Druck der Industrienationen hatten dies durchgesetzt.

Konkret bedeutete dieser Beschluss, dass das britische Mandat über Palästina am 15. Mai 1948 beendet wurde und dafür zwei souveräne Staaten entstehen sollten. Der jüdische Staat war auf einem Gebiet von 14000 Quadratkilometern geplant. Jerusalem und die umliegenden christlichen Dörfer sollten gemeinsam als »Corpus separatum« einen internationalen Status erhalten, weder zum jüdischen noch zum arabischen Staat gehören und der Kontrolle des damals christlich dominierten UN-Sicherheitsrats unterstellt werden.

Das jüdische Volk in aller Welt jubelte, weil damit ein jüdischer Staat international sanktioniert war. Der Jüdische Nationalrat nahm die Resolution 181 an, wohl wissend, dass der jüdischen Gesellschaft in Palästina wegen des arabischen Widerstandes schwere Zeiten bevorstanden.

UN-Resulution 181

1947

Die Bewohner des Landes konnten an der Aufteilung der vorgeschlagenen Staatsgebiete erkennen, ob sie künftig im arabischen oder jüdischen Teil des Landes wohnen würden. Jerusalem würde ebenso außerhalb des jüdischen Staates liegen wie eine Reihe von jüdischen Dörfern nördlich von Jerusalem, die Etzion-Siedlungen im Süden der Heiligen Stadt oder auch im Landesnorden an der Küste das Gebiet um die Ortschaften Naharija und Schavei Zion, die von deutschen Juden aufgebaut worden waren.

Schmunzelnd erinnerte sich der aus Stuttgart stammende Journalist Erich Lehmann, wie sich die Bewohner von Naharija in jener Zeit getröstet hatten: »Ganz gleich, wo Naharija sich letztendlich finden wird, im arabischen oder im jüdischen Staat – Naharija bleibt deutsch!«

Die Araber beantworteten die UN-Resolution 181 mit einem Generalstreik und zunehmendem Terror gegen jüdische Orte, Verbindungsstraßen und öffentliche Verkehrsmittel. Sie waren fest entschlossen, den Judenstaat zu bekämpfen, noch bevor er geboren war. »Was in Lake Success mit Tinte geschrieben wurde, wird in Palästina mit Blut ausgewischt. Das Schlachtfeld soll entscheiden, wer in diesem Lande leben wird«, erklärte der Führer des arabischen Nationalrats. Die arabische Welt weigerte sich, einen jüdischen Staat in jedwedem Teil des Landes zu akzeptieren. Das Land versank im Chaos.

Die Araber wählten Krieg, weil sie einen Ausrottungsfeldzug gegen die Juden leicht zu gewinnen hofften. Sie waren in der Überzahl. Die umliegenden arabischen Staaten hatten gut gerüstete Armeen und teilweise britische oder deutsche Offiziere mit Weltkriegserfahrung in ihren Reihen. Außerdem konnten sie von allen Seiten gleichzeitig in Palästina einfallen.

Die Juden dagegen waren schlecht bewaffnet. Erste Waffen für den jüdischen Staat wurden von der Sowjetunion über die Tschechoslowakei geschmuggelt. Sobald die Briten abgezogen waren, gelangten Waffen und Ausrüstung vermehrt ins Land. Aus Amerika kam bis zu Beginn der 1970er-Jahre keinerlei Unterstützung, weder militärisch noch finanziell.

Viele Neueinwanderer waren durch den Holocaust körperlich und seelisch schwer geschädigt und nur unzureichend militärisch ausgebildet. Nur wenige waren des Hebräischen mächtig. Die Lage des »Jischuv«, wie die jüdische Gemeinde in Palästina genannt wurde, war äußerst kritisch.

Die kriegerischen Auseinandersetzungen begannen bereits in der Nacht des 29. November. Sie hielten an, bis am 14. Mai 1948 mit dem endgültigen Abzug der Engländer in Tel Aviv der jüdische Staat proklamiert wurde. Am darauffolgenden Tag erklärten fünf arabische Staaten dem jungen Israel den Krieg und eröffneten die Kampfhandlungen.

Die britischen Mandatsverwalter hatten sich kaum um eine geregelte Regierungsübergabe an Juden oder Araber bemüht. In den Wochen vor dem offiziellen Abzugsdatum hatten die Briten ihre Truppen bereits schrittweise zurückgezogen, bis nur noch der Hafen von Haifa zu verlassen war. Strategisch wichtige Polizei- und Militärstützpunkte hatten sie nicht selten direkt an arabische Ehrenbürger, Bürgermeister oder Bandenführer übergeben – ein Indiz dafür, dass sie einen arabischen Sieg für unumgänglich hielten oder sogar unterstützten.

Die Waffenstillstandslinien von 1949

Am 4. März 1949 wurde der Staat Israel Mitglied der Vereinten Nationen. In den Wochen davor und danach wurden auf der griechischen Insel Rhodos Waffenstillstandsabkommen ausgehandelt und unterzeichnet. Zuvor hatte fast ein Jahr lang der Unabhängigkeitskrieg das Leben des jungen Staates geprägt. Am 24. Februar wurde der Vertrag mit Ägypten unterzeichnet, am 23. März mit dem Libanon, am 3. April mit Jordanien und erst am 20. Juli mit Syrien.

Wie von den Arabern gewünscht, hat nicht ein Beschluss der UNO, sondern das Schlachtfeld über die Grenzen des jüdischen Staates entschieden. Die arabische Welt drängte darauf, diese Waffenstillstandslinien unter keinen Umständen als Grenzen anzuerkennen. So gehören heute ganz Galiläa, aber auch die Negev-Stadt Beer Scheva zu Israel, was im UN-Teilungsplan nicht vorgesehen war.

Das biblische Judäa und Samaria wurden von Jordanien besetzt. Dieses Gebiet wurde in der Folgezeit als »Westjordanland« oder »Westbank« bekannt. 1922 war der Jordangraben als Westgrenze Transjordaniens festgelegt worden. Judäa und Samaria waren nie jordanisches Staatsgebiet. Die Annexion dieser Gebiete im Laufe der 19-jährigen jordanischen Besatzung wurde lediglich von Großbritannien und Pakistan anerkannt, aber nicht von der Arabischen Liga.

Waffenstillstandslinien

1949

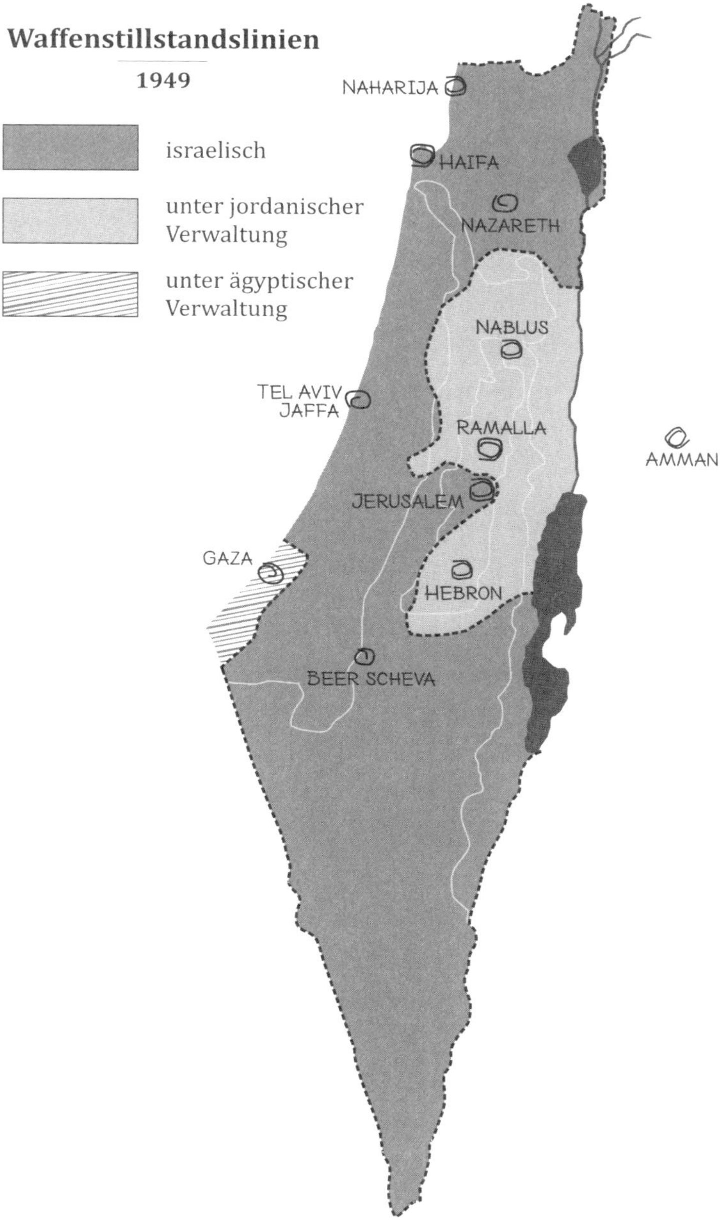

Der Jerusalem-Korridor und die ganze Weststadt Jerusalems kamen in jüdische Hand. Das alte jüdische Viertel der Jerusalemer Altstadt wurde von den Jordaniern erobert. Sie zerstörten 58 Synagogen, vertrieben die jüdische Bevölkerung oder nahmen sie gefangen. Der Gazastreifen wurde von den Ägyptern besetzt und zu einem gigantischen Flüchtlingslager.

Am 10. März 1949 erreichten die ersten israelischen Soldaten auf dem Weg durch den unwegsamen Negev bei Umm al-Raschrasch am Golf von Akaba das Rote Meer. Eine Erste-Hilfe-Tasche lieferte das Material, um auf ein weißes Tuch mit Tinte die blauen Streifen und den Davidstern malen zu können. Diese provisorische israelische Flagge hissten sie neben einer alten, verlassenen Steinhütte. Damit war die Südspitze des Landes markiert. Bald darauf wurde an dieser Stelle Israels südlichste Stadt, sein Tor zum Fernen Osten, gegründet: Eilat.

So konnte der junge Staat Israel seine Existenz behaupten. Er will Zufluchtsort für Juden aus aller Welt sein. Die ersten Flüchtlinge kamen aus dem Holocaust Europas. Nach dem Unabhängigkeitskrieg folgten 800 000 jüdische Flüchtlinge aus der arabischen Welt. Der Judenhass der Araber hatte die Juden der arabischen Länder zur Flucht gezwungen.

Laut UNO hatten während des Unabhängigkeitskrieges etwa 750 000 Araber das Land in Richtung Libanon, Syrien, Jordanien oder in die arabisch kontrollierten Gebiete im ehemaligen Mandatsgebiet Palästina verlassen. Ihre Flucht oder Vertreibung wird heute von »Palästinensern« als »Nakba« (Katastrophe) bezeichnet. De facto fand also während der Gründung Israels ein Bevölkerungsaustausch zwischen dem jüdischen Staat und seinen arabischen Nachbarn statt.

In der Zeit zwischen der Staatsgründung am 14. Mai 1948 bis

zum Ende desselben Jahres wanderten etwa 100 000 Juden nach Israel ein. 1949 waren es noch einmal 240 000, sodass Israel im Dezember dieses Jahres seinen 1-millionsten jüdischen Bürger begrüßen konnte.

Freude und Begeisterung über den Bevölkerungszuwachs wurden allerdings durch die unbeschreibliche Not der Flüchtlinge gedämpft. 140 notdürftige Massenzeltlager waren über das ganze Land verteilt. 1950 und 1951 kamen weitere 700 000 »Olim«, wie die Neueinwanderer auf Hebräisch genannt werden, hinzu.

Israel hatte gehofft, dass den Waffenstillstandsabkommen Friedensverträge mit seinen arabischen Nachbarn folgen und die Waffenstillstandslinien zu anerkannten internationalen Grenzen würden. Diese Hoffnung erwies sich aber bald als Trugschluss.

Terrorüberfälle aus dem ägyptisch besetzten Gazastreifen und dem jordanisch okkupierten Judäa, Samaria und Ostjerusalem versetzten die Bürger Israels in Angst und Schrecken. Syrien ließ keine Gelegenheit ungenutzt, um die Aufbauarbeiten im Huletal und die jüdischen Fischer auf dem See Genezareth zu stören.

In den Jahren 1953–1956 führten »Fedajin«, wie die Freischärler auf Arabisch genannt wurden, Hunderte Terroranschläge auf israelische Ziele aus. Der jüdische Staat reagierte mit Gegenangriffen auf die Lager der Fedajin und militärische Stellungen der Ägypter, Jordanier und Syrer.

Massive Rüstungslieferungen aus der Sowjetunion und der Tschechoslowakei unterstützten die Ambitionen des ägyptischen Präsidenten Gamal Abdel Nasser. Die Lage wurde von Monat zu Monat unsicherer und verworrener. Als Nasser die Zufahrt nach Eilat durch das Rote Meer blockierte, drohte Israels Generalstabschef Mosche Dajan mit Gegenmaßnahmen, nicht zuletzt gegen die Terrorbasen im Gazastreifen.

Großbritannien und Frankreich belieferten in dieser Zeit Israel mit Rüstungsgütern, weil gemeinsame Interessen vorlagen. Vor allem wollte man den Seeweg durch den Suezkanal offen halten. Als Nasser dann am 26. Juli 1956 den Suezkanal verstaatlichte, war eine gemeinsame israelisch-britisch-französische Militäraktion unvermeidbar geworden.

Der Sinai-Feldzug

Am 29. Oktober 1956 griff Israel Ägypten an. Unmittelbarer »Casus belli« (Kriegsgrund) für den sogenannten Sinai-Feldzug war die Sperrung der Straße von Tiran im Roten Meer für israelische Schiffe. Darüber hinaus wollten die Israelis aber auch dem ständigen Terror aus dem ägyptisch verwalteten Gazastreifen ein Ende bereiten und Ägypten, wenn möglich, zu einem Friedensvertrag zwingen. Schließlich spielten britische und französische Interessen eine entscheidende Rolle. Die beiden ehemaligen Kolonialmächte wollten die Kontrolle über den Suezkanal zurückgewinnen, nachdem Ägypten diese Verbindung zwischen Mittelmeer und Indischem Ozean verstaatlicht hatte. Die Kampfhandlungen dauerten bis zum 5. November 1956.

Israel hielt die Sinaihalbinsel nicht lange besetzt. Die USA und die Vereinten Nationen übten Druck aus, sodass die israelische Armee Anfang 1957 mit dem Rückzug begann – nach harten Verhandlungen und Forderungen nach Sicherheitsgarantien. Israel machte klar, es werde auch künftig jede Blockade des Hafens von Eilat und seiner Zufahrt als Kriegserklärung verstehen.

Infolge des Sinai-Feldzuges wurden UN-Friedenstruppen im Sinai stationiert, die allerdings im Mai 1967 von Gamal Abdel Nasser des Landes verwiesen wurden. Kurzfristig verlegte Ägypten 80000 Soldaten in den Sinai. Innerhalb weniger Tage standen 800 ägyptische Panzer östlich des Suezkanals zum Angriff bereit.

Der Sechstagekrieg

Am 22. Mai 1967 ließ Ägyptens Präsident Gamal Abdel Nasser erneut die Straße von Tiran am Südende des Golfes von Akaba für den Schiffsverkehr von und nach Israel schließen. Am 26. Mai erklärte er, Israel vernichten zu wollen. Einige Tage später wurden auch die jordanischen und irakischen Streitkräfte ägyptischem Oberkommando unterstellt. In dieser kritischen Zeit bildete Israel eine Regierung der nationalen Einheit. Mosche Dajan wurde zum Verteidigungsminister berufen.

Nachdem alle diplomatischen Möglichkeiten erschöpft waren, zerstörte am 5. Juni 1967 die israelische Luftwaffe in einem Präventivschlag innerhalb weniger Stunden den größten Teil der ägyptischen und syrischen Luftstreitkräfte. In wenigen Tagen eroberten israelische Bodentruppen wieder den ganzen Sinai.

Jordaniens König Hussein schlug einen Appell Israels, sich aus dem Krieg herauszuhalten, der ihn am 5. Juni durch UN-Vermittlung erreichte, in den Wind. Jordanische Luftangriffe und vor allem der Artilleriebeschuss Jerusalems ließen Israel keine andere Wahl, als mit allen Mitteln gegen Jordanien vorzugehen. Innerhalb weniger Tage waren so auch Jerusalem, Judäa und Samaria in israelischer Hand.

Nicht nur die Kämpfe an der Südwest- und der Ostfront waren überraschend schnell entschieden. Auch im Nordosten konnte die israelische Armee in zwei Tagen die Golanhöhen erobern. Von dort aus hatten die Syrer israelische Ortschaften im Norden des Landes jahrelang beschossen.

Schließlich nutzte Israel die Gelegenheit, Wasserquellen und Zuflüsse zum Jordan und zum See Genezareth zu sichern. Bereits zu Beginn der 1960er-Jahre hatten die Syrer versucht, Jordanzuflüsse durch einen Kanal in den Jarmuk umzuleiten, um so den Israelis das kostbare Nass zu rauben.

Als am 10. Juni 1967 auf Drängen des UN-Sicherheitsrates die Kampfhandlungen eingestellt wurden, hatte Israel einen überraschenden und überwältigenden Sieg über die Armeen Ägyptens, Jordaniens und Syriens errungen.

Nach 19 Jahren Trennung war Jerusalem wieder vereint. Stacheldrahtverhaue, Betonmauern und Minenfelder wurden beseitigt. Das jüdische Viertel in der Altstadt von Jerusalem konnte gesäubert und die Trümmer geräumt werden. Vor allem aber war der Weg frei zur Westmauer (Klagemauer) und sogar zum Tempelberg.

Bereits im Juli 1967 verurteilte die Generalversammlung der Vereinten Nationen mit den Resolutionen 2253 und 2254 israelische Aktivitäten im Ostteil Jerusalems.

Im Sechstagekrieg eroberte der moderne Staat Israel das alte, biblische Kernland, in dem die Anfänge des jüdischen Volkes lagen und in dem ein Großteil der Heiligen Schrift entstanden ist: Neben der Altstadt von Jerusalem waren das vor allem die biblischen Städte Sichem (heute Nablus), Bethlehem und Hebron mit ihren heiligen Stätten, das Jordantal und das Bergland von Samaria und Judäa.

Der Sechstagekrieg veränderte die geopolitische Lage im Nahen Osten grundsätzlich, nicht nur im Bewusstsein der Welt. Der einst winzige jüdische Staat hatte nun große Landflächen zu verwalten und die Verantwortung für eine beträchtliche nichtisraelische Zi-

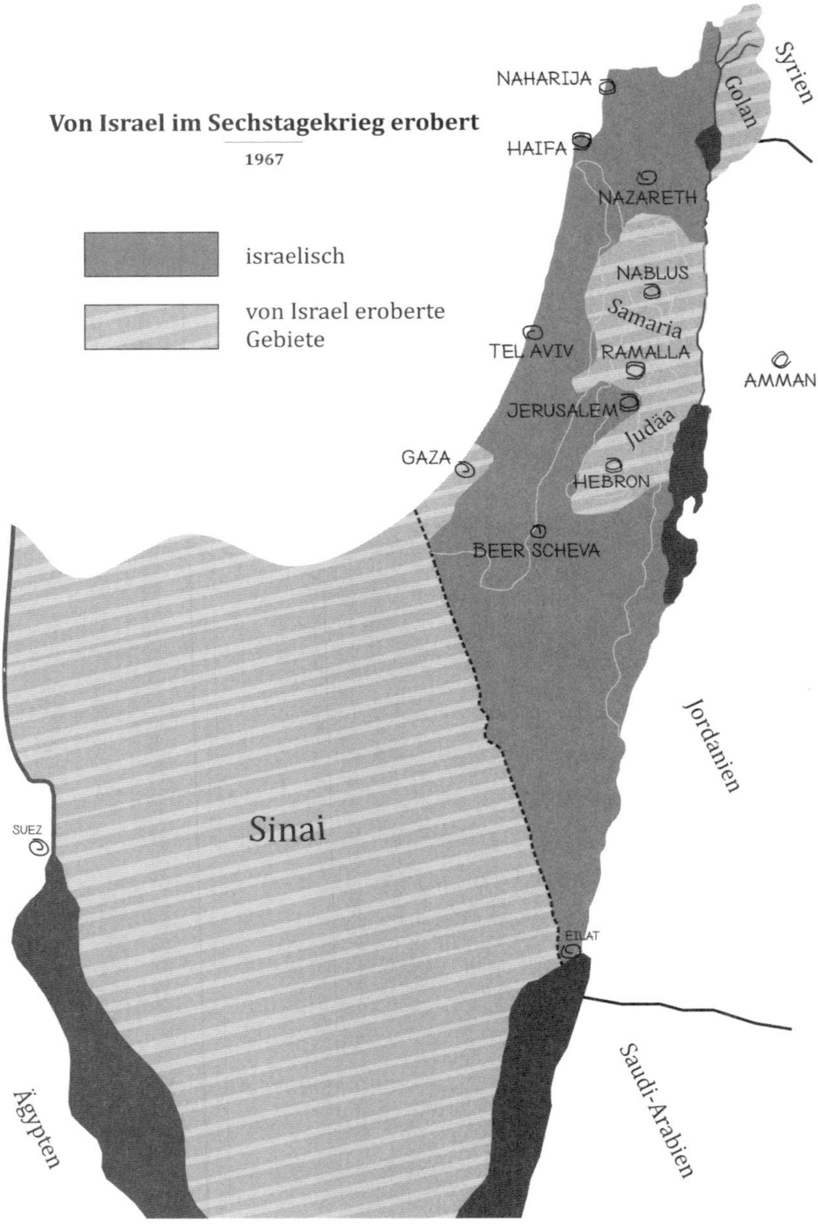
Von Israel im Sechstagekrieg erobert
1967
israelisch
von Israel eroberte Gebiete
NAHARIJA
HAIFA
NAZARETH
Golan
Syrien
NABLUS
Samaria
TEL AVIV
RAMALLA
AMMAN
JERUSALEM
Judäa
GAZA
HEBRON
BEER SCHEVA
Jordanien
Sinai
SUEZ
EILAT
Saudi-Arabien
Ägypten

vilbevölkerung zu übernehmen. Im Rückblick wurde der Staat Israel im Juni 1967 mit dem Sechstagekrieg zur Besatzungsmacht.

Bereits wenige Tage nach Kriegsende signalisierte Israel Mitte Juni Syrien und Ägypten, es sei zu einem vollständigen Rückzug aus dem Sinai und von den Golanhöhen bereit, unter der Bedingung, dass die beiden Nachbarn Frieden mit dem jüdischen Staat schlössen. Erst am 1. September 1967 konnten sich die Araber zu einer Antwort auf das Rückzugsangebot Israels durchringen. In der sudanesischen Hauptstadt Khartoum verabschiedeten sie ihre »drei kategorischen Nein«:

1. zu Verhandlungen
2. zu einem Frieden
3. zu einer Anerkennung des jüdischen Staates Israel

Am 22. November 1967 forderte der UN-Sicherheitsrat in der Resolution 242 einen Rückzug Israels aus eroberten Gebieten, ein Ende des Krieges, die Unverletzlichkeit eines jeden Staates in der Region, eine Garantie für freie Navigation auf den internationalen Wasserstraßen, sichere und anerkannte Grenzen und eine Lösung des Flüchtlingsproblems.

Bemerkenswert ist die mangelnde Eindeutigkeit dieser Resolution, die bis heute internationale Rechtsgrundlage aller politischen Verhandlungen Israels mit seinen Nachbarn ist. Die Grenzen zwischen Israel und seinen Nachbarn wurden in keiner Weise festgelegt. Auch wurde mit keinem Wort die Gründung eines neuen arabischen Staates auf den umstrittenen Territorien gefordert, was auch in den Jahren ägyptischer und jordanischer Besatzung nie im Gespräch war. Zudem tauchen die Worte »Palästina«, »Palästinenser« oder »palästinensisch« in der Resolution kein einziges Mal auf.

Der Jom-Kippur-Krieg

»Jom Kippur«, der große Versöhnungstag, ist der heiligste Feiertag des Judentums. An diesem Tag liegt im jüdischen Staat das gesamte öffentliche Leben still. Sowohl Radio- und Fernsehstationen als auch der gesamte Verkehr ruhen. Die jüdische Bevölkerung Israels ist entweder zu Hause oder fastet und betet in den Synagogen des Landes.

Am 6. Oktober 1973, dem Jom Kippur des jüdischen Jahres 5734, griffen Ägypten und Syrien überraschend den Staat Israel an. Im Rückblick wird der Jom-Kippur-Krieg mit einem der größten geheimdienstlichen Versagen in der Geschichte verbunden. Zwar lagen eindeutige Anzeichen für Kriegsvorbereitungen der arabischen Länder vor. Diese wurden aber von der israelischen Regierung unter Golda Meir nicht ernst genommen.

Bis die israelische Armee nach einer eiligen Mobilmachung das Blatt zu ihren Gunsten wenden konnte, mussten sowohl auf den Golanhöhen als auch an der schwer befestigten Bar-Lev-Linie im Sinai hohe Verluste hingenommen werden. Letztendlich standen die Truppen Israels dann aber im Norden 40 Kilometer vor Syriens Hauptstadt Damaskus und im Süden war die Dritte Ägyptische Armee eingeschlossen, während Israel seinen Brückenkopf westlich des Suezkanals ausbaute. Der Weg zu Ägyptens Hauptstadt Kairo war frei.

Damaskus und Kairo begriffen, dass eine Fortführung des Krieges keine Vorteile versprach. So erklärten sie sich zu einem Waffenstillstand bereit, der am Morgen des 24. Oktober 1973 in Kraft trat. Nach monatelangen Verhandlungen wurde ein Truppenentflechtungsabkommen vereinbart. Westlich der syrischen Stadt Kuneitra wurde auf den Golanhöhen eine neue Trennlinie gezogen, die von UN-Beobachtern gesichert wurde. Auch entlang des Suezkanals wurden die Truppenstärken auf beiden Seiten durch Absprachen reguliert.

Der »Oktoberkrieg« wird in Ägypten und Syrien bis heute als Sieg gefeiert. Die arabische Volkspsyche hat nur den überraschenden und erfolgreichen Beginn des Krieges im Gedächtnis behalten und den demütigenden Ausgang verdrängt. Dieser vermeintliche arabische Sieg machte den Weg frei dafür, dass der ägyptische Präsident Anwar al-Sadat einige Jahre später Verhandlungen mit Israel aufnehmen konnte.

Frieden mit Ägypten

Eigentlich hatte die Wahl Menachem Begins zum israelischen Premierminister im Mai 1977 eine Verschärfung der Lage erwarten lassen. Doch dann rief Begin die arabischen Nachbarn zum Frieden auf. Es kam zu Gesprächen, und am 19. November 1977 überraschte Ägyptens Präsident Anwar al-Sadat die Welt mit seinem Besuch in Jerusalem.

Im September 1978 handelten amerikanische, ägyptische und israelische Diplomaten und Politiker im amerikanischen Camp David ein zweiteiliges Vertragswerk aus. Der erste Teil sah einen israelisch-ägyptischen Friedensvertrag, die Rückgabe der Sinaihalbinsel an Ägypten und eine Normalisierung der Beziehungen zwischen beiden Ländern vor. Der zweite Teil forderte Gespräche zwischen Ägypten, Israel, Jordanien und den Palästinensern, eine Palästinenserautonomie im Westjordanland und im Gazastreifen, eine fünfjährige Übergangsphase vor einem Endstatusvertrag und einen jordanisch-israelischen Friedensvertrag.

Am 26. März 1979 unterzeichneten dann Sadat und Begin das »Friedensabkommen von Camp David«. Gastgeber im Weißen Haus in Washington war Präsident Jimmy Carter. Damit schuf der als rechtsextrem verrufene Menachem Begin nicht nur den Präzedenzfall, »Land für Frieden« zu geben, sondern erkannte auch das Recht der Palästinenser auf Selbstbestimmung an und legte so die rechtliche Grundlage für eine palästinensische Autonomie.

Im Sommer 1980 erklärte die Knesset im sogenannten »Jerusalem-Gesetz« die Annexion von Ostjerusalem und den Golanhöhen und machte diese Gebiete damit offiziell zu israelischem Staatsgebiet. Das vereinigte Jerusalem wurde zudem zur »ewigen und unteilbaren Hauptstadt« erklärt.

Die Weltöffentlichkeit reagierte empört. Einige süd- und mittelamerikanische Staaten, die bis dahin ihre Botschaften in Jerusalem hatten, zogen diese nach Tel Aviv zurück. Die Europäische Union bestreitet bis heute Israels Anrecht auf West-Jerusalem als Hauptstadt und beruft sich dabei auf den eigentlich im UN-Teilungsplan von 1947 (Resolution 181) vorgesehenen Status der Stadt als »Corpus Separatum«. Ungeachtet dessen unterstützen die Europäer aber den Anspruch der Palästinenser auf eine Hauptstadt Jerusalem.

Am 25. April 1982 zog sich Israel aus der Sinai-Halbinsel zurück. Israel überließ den Ägyptern Militärstützpunkte, Ölfelder, Straßen, Wasser- und Stromleitungen, Freizeitanlagen und vieles mehr. Erstmals räumte und zerstörte Israel jüdische Siedlungen, Felder und Plantagen um des Friedens willen.

Das Verhältnis mit Ägypten entwickelte sich zu einem kalten Frieden. Antisemitische Hetze ist in den ägyptischen Medien bis heute gegenwärtig. Ägyptische Geschäftsleute, die den israelischen Markt erschließen wollen, werden vom ägyptischen Geheimdienst unter Druck gesetzt, dies zu unterlassen. Koptischen Christen, die als Pilger das Heilige Land besuchen, droht bis heute ein Bann ihres Papstes Schinouda III., der ein scharfer Gegner des Friedens mit dem jüdischen Staat war.

Am 6. Oktober 1981, acht Jahre nach dem Oktoberkrieg, wurde Präsident Sadat bei einer Militärparade zur Feier des Sieges über den zionistischen Feind von islamischen Extremisten ermordet. Ei-

Israel nach der Rückgabe des Sinai

1982

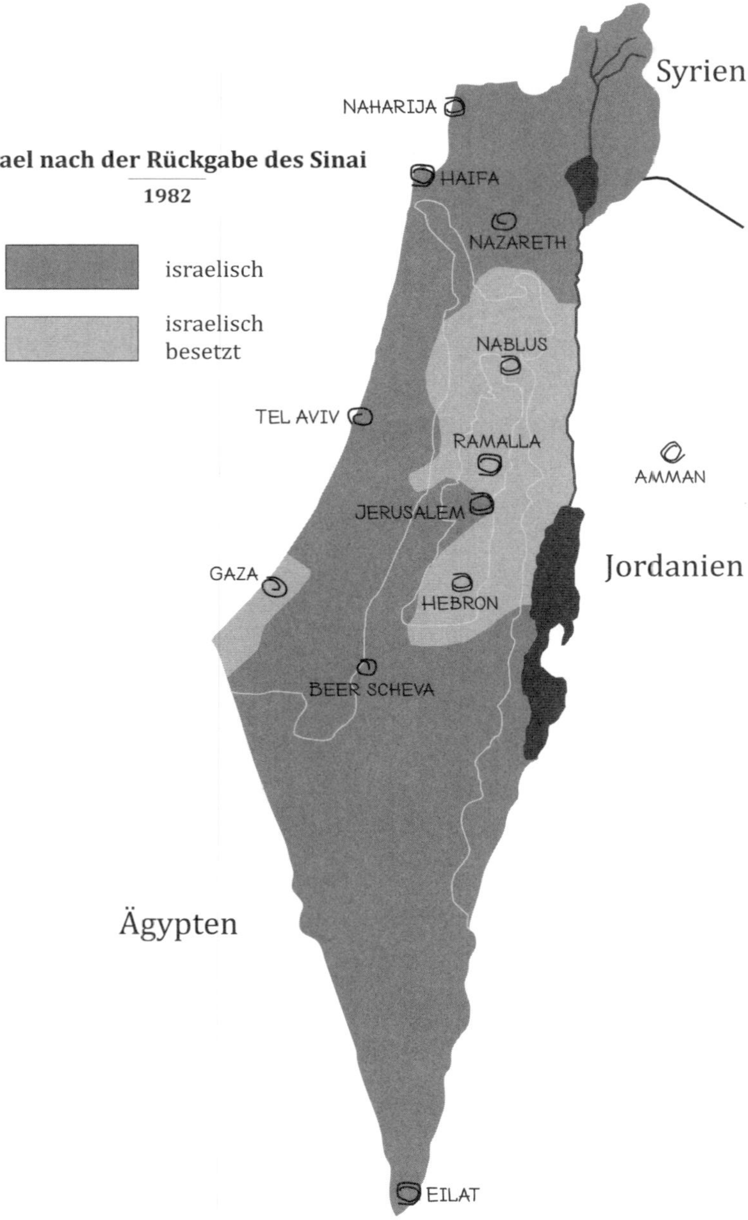

nige Jahre lang wurde Ägypten wegen seines Friedensvertrages mit Israel in der arabischen Welt geächtet, bis es sich seine Vorreiterrolle in der Arabischen Liga zurückerobern konnte. Abgesehen von einer kurzen Visite zur Beisetzung des ermordeten israelischen Premierministers Jitzchak Rabin hatte Sadats Nachfolger, Husni Mubarak, jeden Besuch in Israel vermieden.

Nach dem Sturz Mubaraks 2011 und der Absetzung des Muslimbruders Muhammad Mursi durch Armeechef Abdel Fattah al-Sisi begann eine neue Interessengemeinschaft zwischen Israel und Ägypten. Auf der Sinaihalbinsel hatten nicht zuletzt infolge des »Arabischen Frühlings« radikale islamistische Gruppen Fuß gefasst. Mit Unterstützung der Hamas und anderer palästinensischer Gruppen aus dem Gazastreifen griffen sie das ägyptische Militär an.

Die Verträge von Oslo

Nach dem Untergang der Sowjetunion konnte der Westen 1991 in Madrid die Araber mit Israel an einen Verhandlungstisch bringen. Ein entscheidender Faktor dabei war, dass sich Jasser Arafat im ersten Golfkrieg mit Saddam Hussein solidarisiert und damit innerhalb der arabischen Welt völlig isoliert hatte. Die Palästinensische Befreiungsorganisation (PLO) stand vor dem Bankrott.

Während in Madrid Palästinenser und Jordanier offiziell noch in einer gemeinsamen Delegation vertreten waren, führten Geheimverhandlungen im norwegischen Oslo in den darauffolgenden Jahren zu einem direkten Abkommen zwischen Israel und der PLO.

In der zweiten Augusthälfte 1993 einigten sich Vertreter Israels und der PLO in Oslo auf eine Grundsatzerklärung. Am 9. September erkannten sich Israel und die PLO in einem Briefwechsel gegenseitig an, wobei die Palästinenser auf jegliche Gewaltanwendung verzichteten. Am 13. September trafen sich Israels Premierminister Jitzchak Rabin, PLO-Chef Jasser Arafat und US-Präsident Bill Clinton zu dem berühmten Händedruck auf dem grünen Rasen vor dem Weißen Haus in Washington. Die Grundsatzerklärung unterzeichneten Schimon Peres (Israel), Mahmud Abbas (PLO), Warren Christopher (USA) und Andrej Kosyrev (Russland). 1995 wurde das Abkommen von Oslo nach weiteren Verhandlungen durch einen Zusatzvertrag, genannt »Oslo B«, ergänzt.

Die israelische Armee zog sich zuerst aus Jericho im Jordantal und Gaza-Stadt am Mittelmeer zurück. Dann wurden Bethlehem, Ramalla, Nablus, Dschenin, Tulkarem und Kalkilja palästinensischer Selbstverwaltung unterstellt. Schrittweise wurden weitere Ortschaften den palästinensischen Autonomiegebieten angegliedert, bis zuletzt auch der größte Teil von Hebron unter Premierminister Benjamin Netanjahu und dank jordanischer Vermittlung den Palästinensern übergeben wurde.

Mit »Oslo B« begann die Aufteilung der umstrittenen Gebiete in die Zonen A, B und C. »Zone A« sollte vollkommen unter palästinensischer Verwaltung stehen. In »Zone B« sollte die PA alle zivilrechtlichen Angelegenheiten regeln, während die israelische Armee für die Sicherheit zuständig ist. Als »Zone C« wird das Gebiet bezeichnet, das nach wie vor vollkommen von Israel verwaltet wird.

Von Anfang an erklärten extremistische palästinensische Organisationen, dass sie die Abkommen von Oslo niemals akzeptieren würden. Dazu gehörten die radikal-islamischen Organisationen Hamas und Islamischer Dschihad, aber auch sozialistisch-kommunistisch geprägte Vereinigungen wie die Volksfront zur Befreiung Palästinas (PFLP) oder die Demokratische Front zur Befreiung Palästinas (DFLP).

Diese Organisationen überzogen Israel nach den Abkommen von Oslo Mitte der 1990er-Jahre mit einer beispiellosen Welle des Terrors, die vor allem durch Selbstmordattentate gekennzeichnet war. Fatal für den weiteren Verlauf der israelisch-palästinensischen Beziehungen war dabei, dass nicht nur radikale Islamisten eine Befreiung von ganz Palästina, »vom Fluss [Jordan] bis zum [Mittel-] Meer«, forderten.

Die Formel »Land für Frieden«, mit der sich Israel seit 1967 um

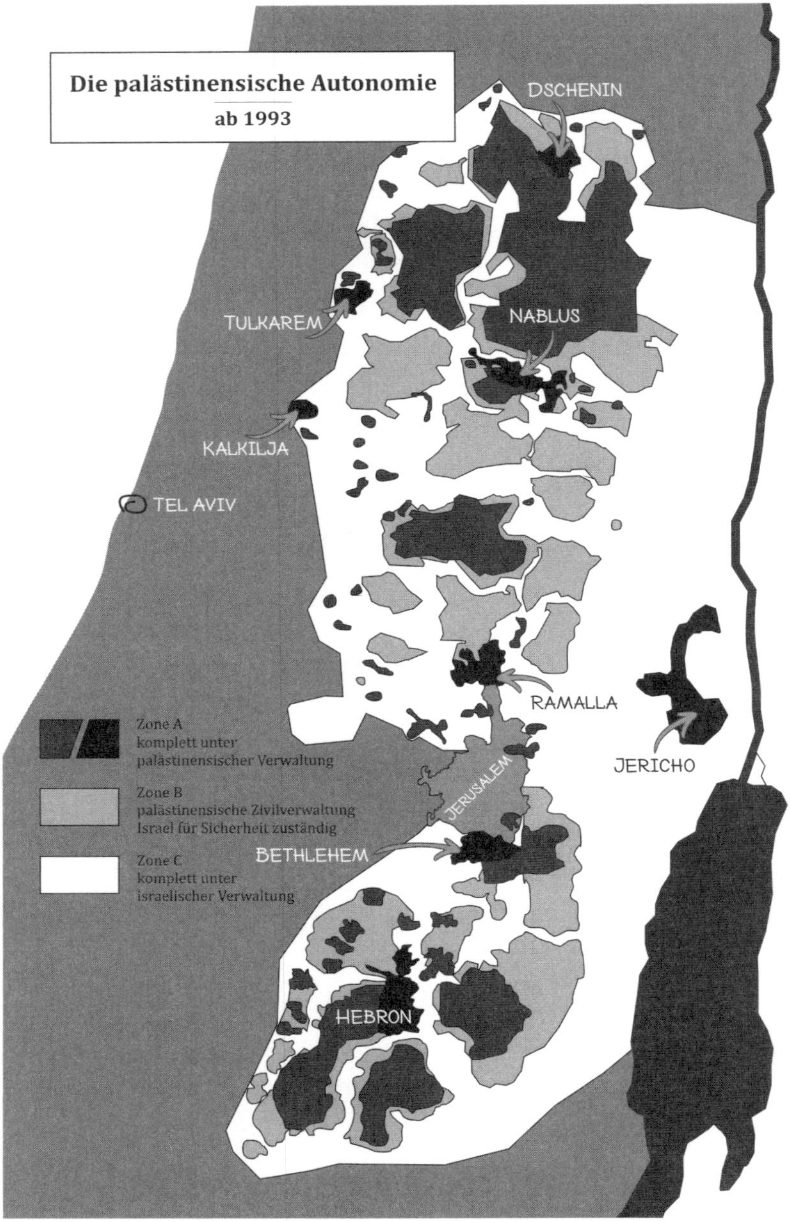
Die palästinensische Autonomie
ab 1993
DSCHENIN
TULKAREM
NABLUS
KALKILJA
TEL AVIV
RAMALLA
JERICHO
JERUSALEM
BETHLEHEM
HEBRON
Zone A
komplett unter
palästinensischer Verwaltung
Zone B
palästinensische Zivilverwaltung
Israel für Sicherheit zuständig
Zone C
komplett unter
israelischer Verwaltung

Frieden und Anerkennung bemüht hat, erwies sich als bloße Floskel. Jede Landabgabe Israels wurde von arabischer Seite als Schwäche interpretiert und letztendlich zum Antrieb für neuen Terror. So wurde das Angebot des israelischen Regierungschefs Ehud Barak im Juli 2000 in Camp David an den Präsidenten der Palästinensischen Autonomiebehörde, Jasser Arafat, ebenso missverstanden wie der Rückzug Israels im Mai 2000 aus dem Südlibanon.

Auf arabischen Terror reagierte Israel mit militärischen Maßnahmen. Die Absperrung der Palästinensergebiete, die gezielte Bombardierung von Prestigeobjekten, der Einmarsch in die Autonomiegebiete, die gezielte Tötung maßgeblicher Terroristen und andere Sicherheitsmaßnahmen sollten den Selbstmordterror eindämmen.

Aus palästinensischer Sicht ist beim Gegenüber Israel nur durch Terror etwas zu erreichen, nicht aber durch Verhandlungen. Aus israelischer Sicht macht jedes Zugeständnis die Palästinenser nur noch fordernder. Die Abgabe von Land hat nicht Frieden erbracht, sondern nur dazu geführt, dass der jüdische Staat heute praktisch von allen Landflächen aus, die er um des Friedens willen an seine Nachbarn abgegeben hat, mit Raketen beschossen wird.

Frieden mit Jordanien

Die Abkommen von Oslo eröffneten die Möglichkeit eines Friedensschlusses mit dem haschemitischen Königreich. Schon König Abdallah I. hatte 1948 Geheimkontakte mit dem jüdischen Staat unterhalten, wovon sowohl Israel als auch Jordanien profitierten. Aufgrund seiner Israelsympathien wurde Abdallah I. 1951, im Beisein seines Enkels Hussein, dem späteren König, auf dem Tempelplatz in Jerusalem ermordet.

Im Sommer 1994 fand endlich ein erstes offizielles Treffen von König Hussein mit Premierminister Jitzchak Rabin und Außenminister Schimon Peres statt. Nach Beratungen mit den Präsidenten Husni Mubarak von Ägypten und Hafis al-Assad von Syrien wandte sich Hussein an den amerikanischen Präsidenten Clinton und bat um Vermittlung.

Am 26. Oktober 1994 wurde in der Wüstensenke Aravah, wenige Kilometer nördlich der israelischen Freizeit- und Hafenstadt Eilat und der jordanischen Hafenstadt Akaba, in einer feierlichen Zeremonie der jordanisch-israelische Friedensvertrag unterzeichnet. Im Jordantal und in der Aravah wurden Grenzkorrekturen zugunsten von Jordanien vorgenommen.

Der »Anti-Terror-Zaun«

Um der Selbstmordanschläge Herr zu werden, begann Israel 2004 unter Premierminister Ariel Scharon mit dem Bau einer Sperranlage, die das israelische Kernland von den palästinensischen Siedlungsgebieten trennen sollte. Wieder waren es Sicherheitsbedürfnisse und der Stärkere, die eine Grenze Israels festlegten – entsprechend dem Wunsch der Araber, die schon 1948 gefordert hatten, »das Schlachtfeld« solle »bestimmen, wer an welcher Stelle lebt«.

Die Palästinenser wehren sich gegen die »Apartheid-Mauer«, weil sie sich dadurch eingesperrt und in ihren Entfaltungsmöglichkeiten behindert sehen. Israel verteidigt den »Anti-Terror-Zaun« als unvermeidbare Sicherheitsmaßnahme. Beide Begriffe – »Apartheid-Mauer« und »Anti-Terror-Zaun« – sind Propagandabegriffe, die zuallererst die Sichtweise der Seite spiegelt, die sie benutzen. Aus israelischer Sicht ist entscheidend: Ein Zaun lässt sich versetzen oder abreißen, wenn dies die politischen Verhältnisse erlauben. Menschen, die durch den Terror getötet oder verstümmelt wurden, sind nicht wieder herstellbar.

Bei einer Gesamtlänge von 720 Kilometern besteht die Sperranlage zu über 90 Prozent aus einem Zaun. Wenn die örtlichen Gegebenheiten keine Besonderheiten erfordern, ist das ein Stacheldrahtverhau, ein Graben, der Fahrzeuge hindert, ein geeggter Streifen, der eigentliche Zaun, ein geeggter Streifen, eine Patrouil-

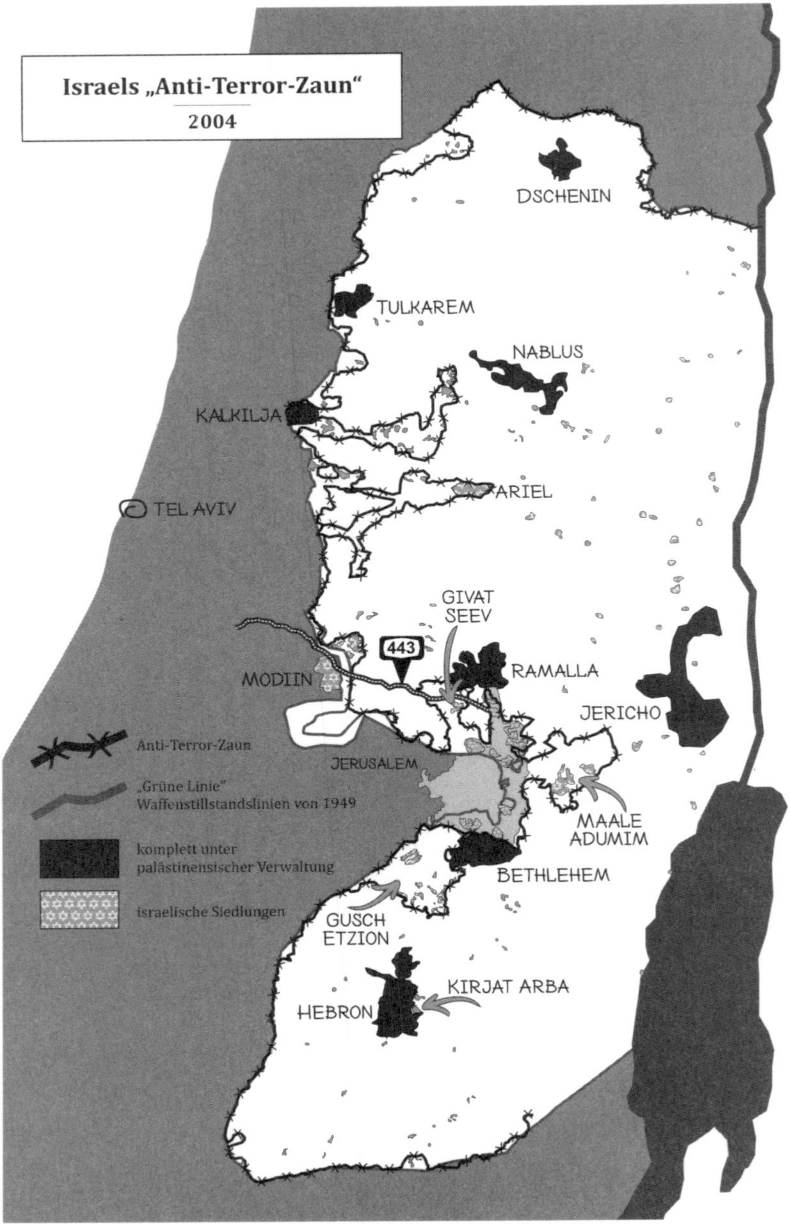
Israels „Anti-Terror-Zaun“
2004
DSCHENIN
TULKAREM
NABLUS
KALKILJA
ARIEL
TEL AVIV
GIVAT SEEV
443
RAMALLA
MODIIN
JERICHO
JERUSALEM
MAALE ADUMIM
BETHLEHEM
GUSCH ETZION
KIRJAT ARBA
HEBRON
Anti-Terror-Zaun
„Grüne Linie“ Waffenstillstandslinien von 1949
komplett unter palästinensischer Verwaltung
israelische Siedlungen

lenstraße, ein dritter geeggter Streifen und noch ein letzter Stacheldrahtverhau. Mit einem einfachen Bolzenschneider ist dieses Hindernis in wenigen Minuten überwindbar. Das Entscheidende ist ein elektronisches Überwachungssystem aus Bewegungsmeldern, Sensoren und Kameras in Verbindung mit beweglichen Patrouillen, die einen Eindringling schnell und effektiv dingfest machen können.

Zwischen fünf und sieben Prozent des Mammutbauwerkes bestehen aus einer Betonmauer, die mancherorts bis zu zehn Meter hoch ist. Häufig gleicht sie aber eher einer Schallschutzmauer, wie es sie auch neben deutschen Autobahnen gibt. Die Mauer wurde, so die israelischen Militärs, vor allem an Stellen gebaut, wo sie Schutz vor Scharfschützen bieten soll. An anderen Stellen, wo der verdichtete Häuserbau keine freien Flächen für Patrouillen lässt, soll die Mauer helfen, Eindringlinge abzufangen.

Dieser »Anti-Terror-Zaun« ist eine Maßnahme in einer ganzen Reihe von Aktivitäten, durch die sich der jüdische Staat vor dem palästinensisch-islamistischen Terror schützen will. Und die »Mauer« ist nachweislich effektiv. Ein Vergleich der Terroropfer in den Jahren 2002 und 2003 in den Gegenden, in denen der Zaun bereits steht, zeigt nach Angaben der Armee, dass mehr als 90 Prozent der Terroranschläge verhindert werden konnten.

Für den Verlauf der Sperranlage sind Sicherheitsüberlegungen entscheidend. Abgesehen von vier großen Siedlungsblöcken – Ariel, Givat Seev, Maale Adumim und Gusch Etzion – orientiert sich der Verlauf an der sogenannten »Grünen Linie«, den Waffenstillstandslinien von 1949, die heute meist »Grenzen von 1967« genannt werden. Private Landeigentümer und Bauern, deren Felder durch den Bau der Sperranlage betroffen sind, wurden entschädigt oder haben Pachtverträge erhalten.

Grundsätzlich wird der »Anti-Terror-Zaun« von israelischer Seite ausdrücklich nicht als Grenzziehung definiert, sondern als eine zeitlich beschränkte Maßnahme gegen den Terror. Gegner des Zaunes auf beiden Seiten – etwa israelische Siedler, die sich von ihrem Staat abgeschnitten sehen, oder Interessenvertreter der Palästinenser – befürchten allerdings, dass sich der »Anti-Terror-Zaun« letztendlich doch als Grenzziehung, im schlimmsten Falle als »Apartheid-Mauer« erweisen und wieder einmal Tatsachen vor Ort schaffen könnte. Tatsächlich ist dieses Bauwerk ein Faktor für die Tatsache, dass sich die beiden benachbarten Gesellschaften, Israelis und Palästinenser, in den vergangenen zwei Jahrzehnten zunehmend voneinander entfremdet haben.

Der Begriff »Apartheid-Mauer« ist irreführend, weil der israelische »Anti-Terror-Zaun« keine rassistisch begründete Trennung darstellt. Im Staat Israel selbst leben 1,2 Millionen Araber und im Westjordanland, jenseits der »Mauer«, 300000 jüdische Siedler.

Der Gazastreifen

Der Gazastreifen hat eine Fläche von 378 Quadratkilometern. Auf diesem Gebiet leben heute schätzungsweise 1,8 Millionen Palästinenser. Bis August 2005 lebten dort in 21 Siedlungen zudem noch 8 500 jüdische Israelis.

Im Unabhängigkeitskrieg wurde das Gebiet um die arabische Stadt Gaza am Mittelmeerstrand wenige Kilometer von der ägyptischen Grenze entfernt von ägyptischen Truppen besetzt. Araber aus den heute israelischen Städten Jaffa, Aschdod und Beer Scheva flohen damals in dieses Gebiet. Das Waffenstillstandsabkommen im Jahre 1949 beließ den Gazastreifen unter ägyptischer Verwaltung. Allerdings gehörte er nie zum ägyptischen Staatsgebiet.

Im Sechstagekrieg wurde der Gazastreifen von Israel erobert. Die Flüchtlingslager aus dem Unabhängigkeitskrieg haben sich inzwischen zu riesigen Armuts- und Elendsvierteln entwickelt, vor allem deshalb, weil sich die arabische Seite – nicht nur im Gazastreifen, sondern auch in Judäa und Samaria und in den umliegenden Ländern Libanon, Syrien und Jordanien – vehement gegen eine humanitäre Lösung der Flüchtlingsfrage, etwa durch eine Eingliederung der Flüchtlinge, gesträubt hat.

Unter israelischer Verwaltung in den Jahren zwischen 1967 und 1993 verbesserte sich die Lage der Bewohner des Gazastreifens. Tausende pendelten nach Israel zu ihren Arbeitsplätzen in den Städten oder in der Landwirtschaft. Am Gaza-Übergang »Eres«

Der Gazastreifen

bis 2005

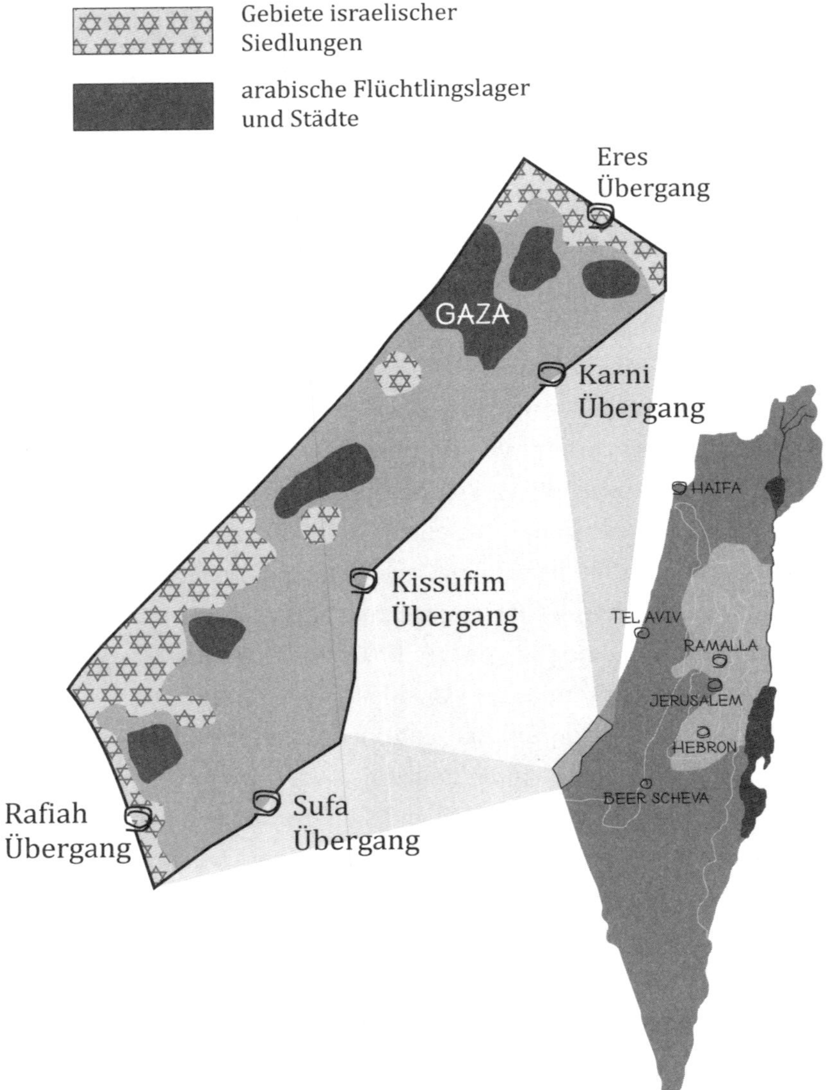

entstand ein großes Industriegebiet. Tausende fanden dort Arbeit. In der Zeit nach der Zweiten Intifada, die im September 2000 begann, wurden diese Gemeinschaftsprojekte gezielt von Gaza aus unter Beschuss genommen und letztendlich zerstört. Bis zum israelischen Rückzug im Spätsommer 2005 haben zudem Tausende arabische Familien ihren Lebensunterhalt in den jüdischen Siedlungen verdient.

Mit dem »Gaza-Jericho-Abkommen« wurde der palästinensische Teil des Gazastreifens autonom. Nach Aussage der jüdischen Bewohner des Gazastreifens verschlechterte sich danach die Lage zusehends. Während 1993 lediglich zwei zivile Subaru-Autos der Siedlersicherheitsorganisation die Sicherheit ohne Zäune und Barrikaden garantieren konnten, waren bis Ende August 2005 Tausende Soldaten mit schwerster militärischer Ausrüstung notwendig.

Im Dezember 2003 verkündete Israels Regierungschef Ariel Scharon seinen Plan zur einseitigen Trennung von den Palästinensern. Deshalb räumte Israel im August 2005 alle 21 jüdischen Ortschaften im Gazastreifen. Auf Wunsch der Palästinenser wurden sie dem Erdboden gleichgemacht. Die Israelis weigerten sich nur, die Synagogen zu zerstören. Am 12. September des Jahres verließ der letzte israelische Soldat das Gebiet, womit auch 38 Jahre israelischer Militärverwaltung des Gazastreifens ein Ende fanden.

Noch in der gleichen Nacht stürmten palästinensische Massen die zerstörten Dörfer, zündeten die jüdischen Bethäuser an und offenbarten eine unbändige Mischung von abgrundtiefem Hass und kindischer Siegesfreude. Sie zerfetzten auch die hochmodernen Gewächshäuser, die ihnen die Siedler mitsamt den computergesteuerten Bewässerungsanlagen und dem Know-how unter ihren palästinensischen Mitarbeitern zurückgelassen hatten.

Scharons Rückzug aus Gaza – und zeitgleich auch einem großen Teil der nördlichen Westbank – sollte eine bessere Positionierung Israels im Konflikt mit den Palästinensern herstellen. Vor allem aber wollte Scharon mit dieser Aktion einer vermeintlichen demografischen Bedrohung begegnen und den jüdischen Charakter des Staates Israel garantieren, den er im Falle einer Ein-Staaten-Lösung gefährdet sah.

Aus palästinensischer Sicht war der Rückzug Israels aus dem Gazastreifen ein weiterer Sieg des Terrors, gerade auch deshalb, weil er nicht im Rahmen von Verhandlungen, sondern einseitig vollzogen wurde.

Israels Siedlungen in Judäa und Samaria

Die israelischen Siedlungen im Westjordanland, dem biblischen Judäa und Samaria, sind in den vergangenen zwanzig Jahren immer mehr in den Mittelpunkt des Interesses westlicher Nahostpolitiker gerückt. Mit überwältigender Mehrheit werden sie als *das* Friedenshindernis par excellence von Europa, Amerika und den Vereinten Nationen verurteilt.

Was legal beziehungsweise was illegal ist, ist umstritten und bei genauer Betrachtung keineswegs einfach zu definieren. Was angesichts der seit nunmehr Jahrzehnten gewachsenen sozio-politischen Lage im Land zwischen Jordan und Mittelmeer politisch überhaupt machbar wäre, wird nur selten realitätsnah beim Namen genannt.

Im Gegensatz zu realitätsfernen und nicht selten schlicht unerfüllbaren Forderungen der arabischen und nicht selten auch westlichen Welt, scheint heute eine überwältigende Mehrheit der israelischen Bevölkerung davon auszugehen, dass – neben den Jerusalemer Stadtteilen, die jenseits der »Grünen Linie« entstanden sind – in jedem Fall fünf große Siedlungsblöcke bei Israel bleiben werden:

1. Im »Gusch Etzion« südlich von Jerusalem in den Bergen Judäas gab es bereits seit den 1920er-Jahren jüdische Siedlungen, die

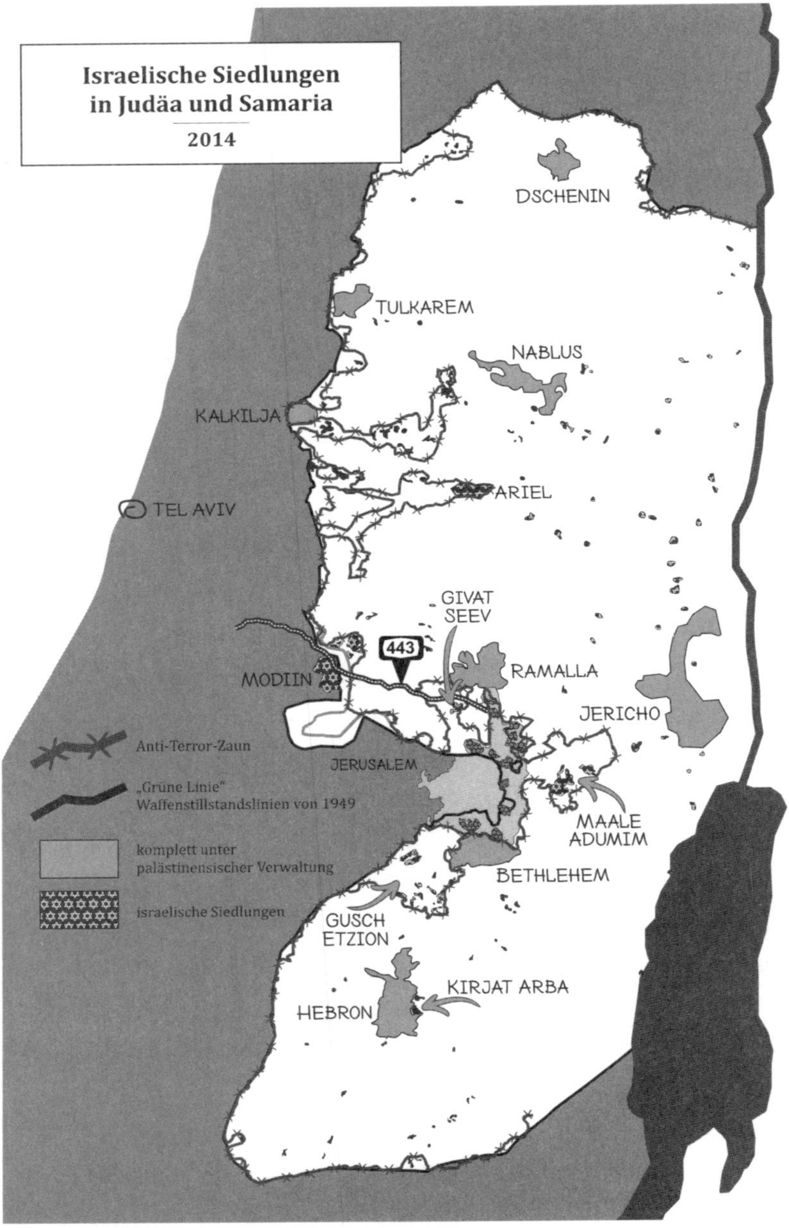
Israelische Siedlungen
in Judäa und Samaria
2014
DSCHENIN
TULKAREM
NABLUS
KALKILJA
ARIEL
TEL AVIV
GIVAT
SEEV
443
RAMALLA
MODIIN
JERICHO
Anti-Terror-Zaun
JERUSALEM
„Grüne Linie"
Waffenstillstandslinien von 1949
MAALE
ADUMIM
komplett unter
palästinensischer Verwaltung
BETHLEHEM
israelische Siedlungen
GUSCH
ETZION
KIRJAT ARBA
HEBRON

allerdings mehrfach zerstört und wieder neu gegründet wurden. Zuletzt ist der Gusch Etzion am 14. Mai 1948, am Tag der Staatsgründung, in arabische Hand gefallen.

Unmittelbar nach der Rückeroberung des Gusch Etzion Ende der 1960er-Jahre kehrten die Kinder und Enkel der ursprünglichen Siedler zurück und bauten ihn zum vierten Male im 20. Jahrhundert wieder auf. Mit mehr als 45 000 Einwohnern ist Beitar Illit heute die größte Ortschaft in diesem Siedlungsblock, der durch eine breite Straße über Brücken und durch Tunnel mit dem Süden Jerusalems verbunden ist.

2. »Maale Adumim« hatte Ende 2014 über 40 000 Einwohner. Die Stadt liegt im Osten von Jerusalem in der Wüste Juda. Ihr Kommunalgebiet erstreckt sich bis fast nach Jericho. Maale Adumim wurde 1975 unter sicherheitstechnischen Gesichtspunkten gegründet. Im Rückblick auf den Jom-Kippur-Krieg war israelischen Experten klar geworden, dass die gesamte Ostfront der israelischen Hauptstadt schutzlos gewesen wäre, hätte sich Jordanien an diesem Krieg beteiligt.
3. Die Siedlungen entlang der Autobahn 443, die den Norden Jerusalems mit dem Ben-Gurion-Flughafen verbindet, werden gelegentlich als »Gusch Talmonim« bezeichnet. Er umfasst die Siedlungen Givon HaChadascha, Givat Seev, Bet Horon, Reut, Makkabim, Haschmonaim, Kirjat Sefer und Modiin. Ähnlich wie der »Gusch Etzion« im Süden und »Maale Adumim« im Osten soll der »Gusch Talmonim« nach Nordwesten hin eine »Schutzweste« sein, um die jüdische Identität Jerusalems auch in Zukunft zu garantieren.
4. Östlich des Großraums Tel Aviv liegt im Bergland von Samaria »Ariel« mit aktuell über 20 000 Einwohnern. In wenigen Jahren hat diese Stadt ihre Größe verdoppelt. Das moderne »Barkan«-

Industriegebiet und eine Universität geben der Stadt im Herzen Samarias eine besondere Bedeutung.

5. Im »Jordantal« liegen weit verstreut zwischen dem Toten Meer im Süden und Bet Schean im Norden eine ganze Reihe von jüdischen Ortschaften entlang der Straße 90. Bei Tage fallen die weiten, meist grünen Plantagen und Gewächshäuser auf, bei Nacht die Lichterketten entlang der jordanischen Grenze. Nicht nur für Israel, sondern auch für das von islamistischen Bewegungen zunehmend bedrohte Königreich Jordanien ist die Präsenz von israelischem Militär und israelischer Zivilbevölkerung in der Jordansenke von nicht zu unterschätzender strategischer Bedeutung.

Jerusalem

Von 1948 bis 1967 war Jerusalem eine geteilte Stadt, zerrissen von Stacheldraht und Betonbarrikaden. Die Arabische Legion von Transjordanien hatte sich nach der Staatsgründung Israels am Vernichtungskrieg der Araber gegen den jungen Judenstaat beteiligt, konnte aber lediglich Judäa, Samaria und den Ostteil der Stadt Jerusalem, inklusive der historischen Altstadt, besetzen.

Diese jordanische Besatzung wurde international nie anerkannt. Nach der UN-Resolution 181 hätte Jerusalem eigentlich internationalisiert werden müssen. Aber die arabischen Staaten hatten diesen Teilungsbeschluss verworfen und mit Krieg beantwortet.

Die erste Teilung des britischen Mandatsgebiets Palästina hatte im Jahre 1922 lediglich den Jordan als Westgrenze Transjordaniens festgelegt. Westlich davon hätte eigentlich die »Nationale Jüdische Heimstätte« gegründet werden sollen, sodass ganz Jerusalem zu dem in der Balfour-Erklärung versprochenen Judenstaat gehört hätte.

Im Sechstagekrieg im Juni 1967 eroberte die israelische Armee Jerusalem. Seither ist die Stadt politisch wieder vereint. Im Juni 1980 erklärte die Knesset im sogenannten Jerusalem-Gesetz die Stadt zur ewigen und unteilbaren Hauptstadt des Staates Israel. Seit 1949 war bereits der Westteil der Stadt Hauptstadt des jüdischen Staates gewesen. Doch nicht einmal das war und wird

Jerusalem

2014

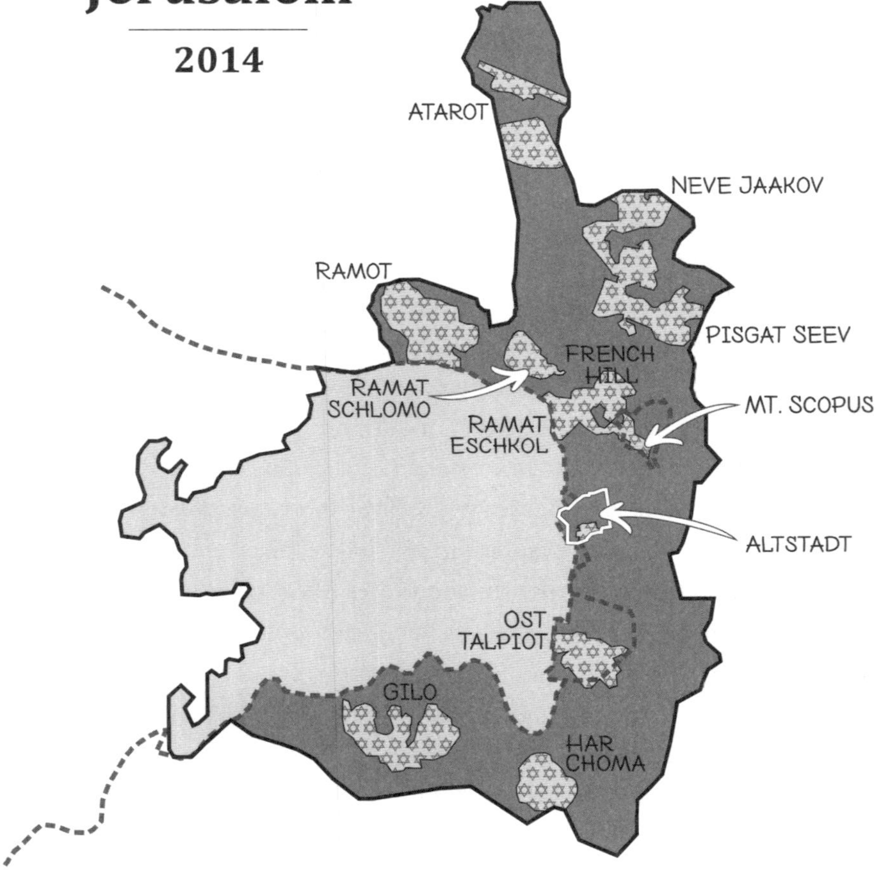

Stadtgrenze Jerusalem

„Grüne Linie“ | Waffenstillstandslinien von 1949

jüdische Siedlungen

bis heute von der Weltöffentlichkeit anerkannt – weshalb alle ausländischen diplomatischen Vertretungen in Tel Aviv sind.

Die Waffenstillstandslinien von 1949, die sogenannte »Grüne Linie«, ist heute in Jerusalem kaum mehr erkennbar. Lediglich der Unterschied von arabischen und jüdischen Wohngebieten fällt ins Auge.

Seit seiner Wiedervereinigung ist Jerusalem stark gewachsen. Die israelische Weststadt vor 1967 lag auf einer Fläche von 38 Quadratkilometern. Nach dem Krieg waren es 108 Quadratkilometer, und heute umfasst das Stadtgebiet Jerusalem eine Fläche von 126 Quadratkilometern.

Auf ehemals jordanisch besetztem Gebiet sind große jüdische Stadtteile mit mittlerweile mehreren Hunderttausend Einwohnern entstanden. Aber auch die arabischen Viertel wurden ausgebaut. Die arabische Einwohnerschaft Jerusalems ist seit 1967 um 214 Prozent angewachsen, während der jüdische Bevölkerungsteil um 130 Prozent zunahm. Zum Jahresende 2014 hatte die Hauptstadt Israels mehr als 820 000 registrierte Einwohner, mit steigender Tendenz. Jerusalem ist die größte Stadt des Landes. Fast zwei Drittel seiner Einwohner sind Juden, ein Drittel Muslime. Der christliche Bevölkerungsanteil Jerusalems liegt bei weniger als zwei Prozent.

Seit 2004 prägt die israelische Sperranlage die östlichen Außenbezirke Jerusalems. An manchen Stellen ist die Mauer fast zehn Meter hoch.

Ein Wort zum Schluss

Die Jahrhundertdiskussion um das Land Israel/Palästina wird vermutlich auch weiterhin die Gemüter erregen. Die Frage, ob und wie das Land geteilt werden soll, wird nicht nur zwischen Juden und Arabern, sondern auch innerhalb der israelischen Gesellschaft heiß diskutiert. In Europa und Amerika kommt man um eine Stellungnahme zum Streit um das Heilige Land nicht herum.

Sachlich und fair an der Suche nach einer Lösung für den Nahostkonflikt kann nur teilnehmen, wer die Geschichte kennt. Die hier dargestellten groben Züge und Fakten sind das absolute Minimum. Dabei ist allerdings zu bedenken, dass es beim Nahostkonflikt nicht nur um Grenzen für die dort lebenden Menschen geht.

Die israelische Seite war von Anfang an explizit zu schmerzhaften Kompromissen um des Friedens willen bereit. Nicht erst 1967 hat das jüdische Volk seinen Nachbarn »Land für Frieden« geboten, ohne zu bedenken, dass diese Gleichung noch niemals in der Geschichte aufgegangen ist. So hat schon 1938 in München die nachgiebige Haltung der Westmächte auf die Forderung des deutschen Diktators nach mehr Land nicht etwa den erhofften Frieden gebracht, sondern wurde zur Grundlage des furchtbarsten Krieges aller Zeiten.

Der Nahe Osten bietet genug Raum und natürliche Ressourcen für alle Menschen, die dort leben wollen. Solange die durch eine radikale islamische Sicht fanatisierten Araber allerdings de facto jeden Kompromiss ablehnen und »die Befreiung Palästinas vom Fluss bis zum Meer« zu einer Glaubensfrage machen, bleibt eine friedliche Koexistenz von Juden und Arabern eine Utopie.

Einige arabische Staaten haben die Existenz Israels anerkannt. Voraussetzung für einen echten Frieden in Nahost wäre allerdings, dass die Araber das Recht Israels, als jüdischer Staat zu existieren, nicht nur anerkennen, sondern für dieses Existenzrecht Israels auch bereit sind, einzutreten, wenn es gefährdet ist. Wenn dem jüdischen Volk die Grundangst vor der Endlösung genommen würde, wären Grenzfragen und Landstreitigkeiten schnell geregelt.

Das jüdische Volk war immer bereit, das Land Israel mit Nichtjuden zu teilen. Aber es wird niemals bereit sein, sein Existenzrecht und sein Recht auf Unabhängigkeit zwischen Jordan und Mittelmeer aufzugeben, eben weil es keine andere Heimat hat. Zweitausend Jahre Diaspora, Verfolgung, Vertreibung und Vernichtung lassen sich ebenso wenig vom Tisch wischen wie die für alle Beteiligten leidvolle Geschichte der vergangenen Jahrzehnte.

Johannes Gerloff

Die Palästinenser
Volk im Brennpunkt der Geschichte

Gebunden, 13,5 x 20,5 cm, 384 S.
Nr. 395.337, ISBN 978-3-7751-5337-9

Die Meinungen über die Palästinenser sind so schwarz-weiß wie Arafats Kopftuch. Gerloff blickt hinter die Kulissen. Spannende Interviews mit Scheichs, Korangelehrten und Flüchtlingen und viele Hintergrundberichte ergeben ein authentisches und überraschendes Bild.

Krista Gerloff, Johannes Gerloff

Eine Busfahrt in Jerusalem
Begegnungen, Erlebnisse, Einsichten

Paperback, 13,5 x 20,5 cm, 176 S.
Nr. 395.371, ISBN 978-3-7751-5371-3

Eine Busfahrt in der heiligen Stadt: Man begegnet keinen Heiligen, sondern normalen Menschen. Ist Israel das uralte Volk und das Land, von dem die Bibel berichtet? Wie ist es heute? Krista und Johannes Gerloff erzählen von ihrem Alltag in Israel.

Bitte fragen Sie in Ihrer Buchhandlung nach diesen Titeln!
Oder schreiben Sie an: SCM Verlag, D-71087 Holzgerlingen;
E-Mail: info@scm-verlag.de; Internet: www.scmedien.de